La collection « Images Doc »
a été conçue à partir du fonds éditorial
du magazine, en étroite collaboration
avec la rédaction.

Images Doc est un magazine
mensuel édité par Bayard Jeunesse.

Maquette : Arielle Cambessédès.
Direction d'ouvrage : Pascale Bouchié.
Illustration de couverture : Jean-Marc Stalner ;
couleurs : Tatiana Domas.
Textes des pages documentaires :
Pascale Bouchié et Sophie Crépon ;
illustrations : Béatrice Veillon.

© Bayard Éditions, 2018
18, rue Barbès, 92120 Montrouge.
ISBN : 978-2-7470-8424-6
Dépôt légal : février 2018

Tous les droits réservés
Reproduction, même partielle, interdite

Pascale Bouchié • Sophie Crépon • Béatrice Veillon

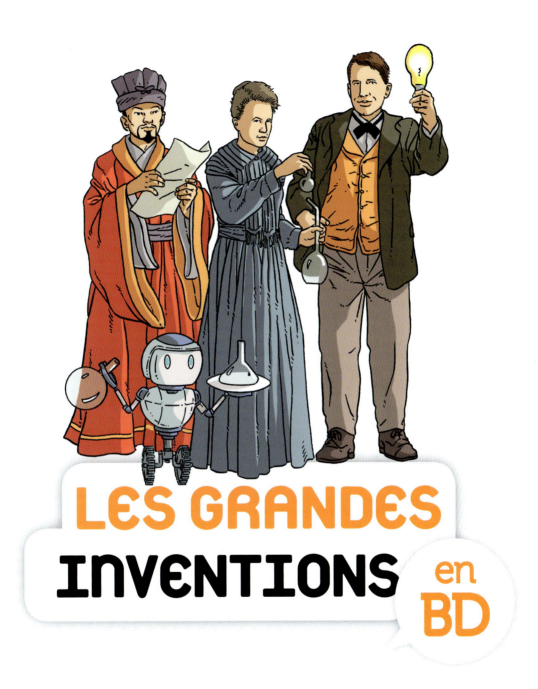

LES GRANDES
INVENTIONS en BD

bayard jeunesse

sommaire

VIVRE MIEUX 9

BD – Et l'Homme devint bricoleur… 10
Qui a inventé… Les outils, les armes, les habits, les maisons ? 11
BD – Et l'Homme captura le feu… 12
Qui a inventé… Le feu, l'agriculture, l'art, la roue ? 13
Qui a inventé… L'argent, les routes, les canaux, les aqueducs ? 14
BD – L'aqueduc : une invention romaine 15
BD – Comment sont nés les robots ? 19
Qui a inventé… Le mot « robot », le premier robot industriel,
le premier robot chirurgien, l'intelligence artificielle ? 25
Qui a inventé… L'électricité, la pile, l'ampoule, l'énergie nucléaire ? .. 26
BD – Thomas Edison, pionnier de l'électricité...................27
Qui a inventé… Les villes, la poubelle, les immeubles, les WC ? 33
Qui a inventé… Le T-shirt, les pantalons, la culotte, le « prêt-à-porter » ?. 34
BD – Le jean, le pantalon des chercheurs d'or 35
Qui a inventé… Les baskets, les talons, les tongs, les talons aiguilles ? 39
Qui a inventé… Les bonbons, le chewing-gum, la pizza, le sandwich ? 40
BD – Il était une fois la frite 41
BD – Comment est né le chocolat ? 46
Qui a inventé… La fourchette, le verre, le four à micro-ondes,
la boîte de conserve ? 49
Et demain… 50

COMMUNIQUER 51

Qui a inventé… L'écriture, les chiffres, l'école, l'alphabet ? 52
BD – À l'école des scribes 53
Qui a inventé… Le papyrus, le parchemin, le papier, les livres ? 56
BD – Le papier, une invention chinoise 57
BD – Gutenberg révolutionne l'imprimerie 60
Qui a inventé… La poste, la carte postale, la boîte aux lettres, le courriel ? 64
BD – Le voyage de la malle-poste 65
Qui a inventé… Le télégraphe, le téléphone, le smartphone ? 68
BD – L'invention du téléphone..............................69
Qui a inventé… Le langage, le braille, les noms de famille ? 72
BD – L'aventure de la langue des signes de l'abbé de L'Épée..........73
Qui a inventé… La presse écrite, la radio, la télévision, l'Internet ? ... 76
BD – Le premier ordinateur 77
Et demain… 80

S'AMUSER 81

Qui a inventé… Les premiers jouets, les cartes à jouer, les échecs,
le puzzle, l'ours en peluche, les Lego et la Barbie, le jeu vidéo, les patins
à roulettes ? 82

Qui a inventé... Le judo, le tennis, le ski, le football 84
BD – La grande aventure du ski 85
BD – Les premières vacances à la mer 88
Qui a inventé... Le premier instrument, le piano, les notes de musique, le jazz ? 93
BD – Les Beatles, le groupe le plus célèbre du monde 94
Qui a inventé... L'appareil photo, le cinéma, le premier dessin animé, les effets spéciaux ? 98
BD – Les frères Lumière, inventeurs du cinématographe 99
Et demain… 102

SE SOIGNER 103

Qui a inventé... Les lunettes, les médicaments, les antibiotiques, le savon ? 104
BD – Ibn Sina, le médecin des yeux. 105
BD – Ambroise Paré, le père de la chirurgie moderne 110
BD – Edward Jenner et Pasteur inventent la vaccination 116
Qui a inventé... L'anesthésie, la radiographie, la seringue, la radio-activité ? 119
BD – Marie Curie découvre la radioactivité. 120
Et demain… 126

VOYAGER, SE REPÉRER 127

Qui a inventé... La machine à vapeur, la locomotive, le métro, le train à grande vitesse 128
BD – Au temps des trains à vapeur 129
Qui a inventé... Le deux-roues, la pédale, la moto, la course cycliste ? 134
BD – Les premiers coups de pédale 135
BD – Qui a gagné le premier Tour de France ? 140
Qui a inventé... La voiture, le moteur à explosion, le Code de la route, le klaxon ? 144
BD – Les débuts de l'automobile 145
Qui a inventé... La montgolfière, le parachute, l'avion, l'hélicoptère ? 151
BD – À la conquête du ciel 152
Qui a inventé... La pirogue, la voile, le paquebot, le sous-marin ? 156
BD – Les paquebots, les géants des mers 157
Qui a inventé... La boussole, les cartes marines, le radar, le GPS ? 161
BD – Galilée invente la lunette astronomique .162
Qui a inventé... La fusée spatiale, la navette spatiale, la combinaison spatiale, la station spatiale habitée ? 166
BD – Objectif Lune 167
Et demain… 173

index des inventions

Agriculture 13
alphabet 52
alphabet braille. 72
ampoule 26
anesthésie 119
antibiotiques 104
appareil photo 98
aqueducs. 14, 15-18
araire 13
argent. 14
armes 11
art 13
ascenseur 33
automates 19-23
automobile . . .144, 145-150
avion 151
Badminton. 84
baskets 39
bicyclette. 134
bijoux 11
boîte aux lettres 64
boîte de conserve 49
bonbons 40
boussole 161
brosse à dents. 104
Canaux 14
carte marine. 161
carte postale 64
cartes à jouer 82
chewing-gum. 40
chiffres 52
chocolat 46-48
ciment 14
cinéma 98, 99-101
code Morse 68
combinaison spatiale . .166
courriel 64
culotte 34
Dessin animé 98
dictionnaire 56
draisienne 134
Échecs. 82
école 52
écriture 52
effets spéciaux 98
électricité 26, 27-32
énergie nucléaire 26
énergies propres 26
épées 11
Feu. 12, 13
football 84

four à micro-ondes. . . . 49
fourchette 49
frite 41-45
fusée spatiale 166
Gouvernail 156
GPS 161
grand bi 134
Habits 11, 50
hamburger. 40
hélicoptère. 151
hologrammes 80
hiéroglyphes 52, 53-55
Immeubles. 33
imprimerie. 60-63
instruments chirurgicaux .
. . . . 119
instruments de musique .93
intelligence artificielle . .25
Internet. 76
Jazz 93
jean 35-38
jeu vidéo 83, 102
jouets 82
judo 84
Klaxon 144
Lampe à huile 13
langage 72
langue des signes . 72, 73-75
Lego 83
livres 56
locomotive. 128
lunette astronomique . . .
. . . . 162-165
lunettes 80, 104
Machine à vapeur . . . 128
maisons 11, 50
médicaments 104
métro 128
montgolfière 151
moteur à explosion . . . 144
motocyclette 134
Navette spatiale 166
noms de famille 72
notes de musique 93
Ordinateur 77-79
ours en peluche. 83
outils 10, 11
Pantalons 34
papier 56, 57-59
papyrus 56
paquebot. 156

parachute 151
parchemin 56
patins à roulettes 83
pédale 134
piano 93
pile 26
pirogue 156
pizza 40
pneu à valve. 144
pop-corn 49
poste 64, 65-67
poubelle 33
poupée Barbie 83
presse écrite. 76
prêt-à-porter 34
puzzle 82
pyjama 34
Radar 161
radio. 76
radioactivité. . . 119, 120-125
radiographie 119
robots 19-24, 25, 102, 126, 173
rock'n'roll. 93
roue 13
routes 14
Sandwich 40
satellite artificiel 161
savon 104
seringue 119
ski 84, 85-87
smartphone 68, 80
sous-marin 156
soutien-gorge. 34
station spatiale habitée 166
T-shirt. 34, 50
talons 39
télégraphe. 68
téléphone 68, 69-71
télévision. 76
tennis 84
timbre-poste 64
tongs 39
train à grande vitesse . . 128
transistor. 76
Vaccin 116-118
vélocipède 134
verre 49
villes 33
voile 156
voiture 144, 173
WC 33

Vivre mieux

Comment se nourrir ? Et se protéger du froid ? Où dormir sans se faire dévorer ? Toutes ces questions, les Hommes de la Préhistoire se les sont posées car ils se sentaient fragiles face aux prédateurs et aux éléments naturels ! Heureusement, nos ancêtres, dotés d'un gros cerveau, n'ont jamais manqué d'idées. À partir des matières premières disponibles dans la nature et grâce à leurs mains, les Hommes ont inventé les premiers outils, les premières armes, les premières maisons, les premiers vêtements… Tout ce dont ils avaient besoin pour vivre mieux, jusqu'à aujourd'hui.

vivre mieux

Et l'Homme devint bricoleur...

Il y a trois millions d'années, les *Homo habilis* vivent en Afrique. Leur nom signifie « hommes habiles », car ils savent fabriquer des outils. Un jour, un groupe voit une panthère attaquer une antilope…

Une fois le fauve parti, ils récupèrent la carcasse de l'antilope.

L'un d'eux taille un galet. Il veut améliorer sa technique pour le rendre encore plus tranchant.

Puis ils rentrent au campement en ramassant des galets pour fabriquer des outils.

Grâce à cet outil, un « chopper », les hommes déchirent facilement la chair de l'antilope. Ils vont la manger crue.

Qui a inventé...

🦴 Préhistoire **Les outils**

Nos ancêtres ont commencé par utiliser des bâtons et des pierres pour « bricoler ». Puis il y a entre 3 et 2,6 millions d'années, ils ont eu l'idée de transformer des galets pour les rendre plus tranchants. Ainsi sont nés les premiers vrais outils ! Ces pierres, appelées « choppers », servaient à dépecer des proies. Plus tard, les Hommes ont taillé des silex pour en faire des bifaces qui servaient de couteaux, racloirs et grattoirs.

🦴 Préhistoire **Les habits**

Pour se protéger des intempéries, les Hommes préhistoriques se sont d'abord couverts de fourrures d'animaux et de feuilles attachées ensemble. Vers –35 000 ans, ils fabriquent les premières aiguilles à coudre (en arête de poisson, en os ou en ivoire) et du fil (en fibres végétales ou en tendons d'animaux). La couture est née : elle a permis d'ajuster les vêtements au corps de chaque individu !

> **Et les bijoux, alors ?**
> Les Hommes n'ont appris à forger des bijoux en or et en argent qu'à partir de 5 000 ans av. J. C. Avant cette date, leurs parures étaient faites de coquillages, de pierres ou de dents reliés entre eux par un cordon. En France, les plus anciennes parures retrouvées datent de –35 000 ans.

🦴 Préhistoire **Les armes**

Vers –400 000 ans, l'Homme fixe des pierres taillées en pointe à l'extrémité des bâtons : ce sont les premières lances, les sagaies. Vers –20 000 ans, il invente une arme redoutable qui révolutionne la chasse : le propulseur. En multipliant la vitesse de projection, le propulseur permet de projeter très fort une lance tout en restant en sécurité, à distance de la proie.

> **Les épées, c'est plus tard !**
> Il y a 9 000 ans, *Homo sapiens* commence à travailler les métaux : le cuivre, le bronze et le fer. Grâce à ce nouveau savoir-faire, nos ancêtres fabriquent d'abord des armes courtes (poignards ou dagues) puis des épées, vers 1 500 av. J. C.

🦴 Préhistoire **Les maisons**

Pendant longtemps, nos ancêtres se sont abrités en haut des arbres, dans des nids comme en construisent certains singes, ou bien sous des avancées rocheuses. Nomades, ils se déplaçaient pour suivre les troupeaux et campaient plutôt qu'ils n'habitaient un lieu fixe. Vers –400 000 ans, des *Homo erectus* construisent des huttes à l'aide de branchages. Ce sont les premières maisons de l'Histoire !

vivre mieux

Et l'Homme captura le feu...

Avant de savoir faire surgir les flammes par lui-même, l'*Homo erectus* (« l'homme debout ») a su apprivoiser le feu provoqué par la foudre. Il l'a ainsi utilisé pour s'éclairer et se chauffer.

Un terrible orage vient d'éclater sur le campement de ces *Homo erectus*. Soudain, la foudre s'abat sur un arbre qui prend feu. Toute la tribu fuit.

Malgré sa peur, un *Homo erectus* ramasse une branche enflammée.

Un à un, les membres de la tribu s'approchent, fascinés par ce feu qui éclaire et réchauffe.

Plus tard, grâce au feu, les hommes savent éloigner les ours.

Un jour, un enfant fait tomber un morceau de viande dans le feu. C'est la première grillade !

Scénario : Catherine Loizeau / Dessin : Amélie Veaux.

Qui a inventé...

🦴 Préhistoire — Le feu

La maîtrise du feu a changé la vie de nos ancêtres ! Il leur a permis de se chauffer et de cuire leurs aliments. Les *Homo erectus* ont été les premiers à savoir faire surgir des flammes il y a plus de 500 000 ans. Leurs techniques ? Ils percutaient un silex contre des pierres riches en fer pour obtenir des étincelles et enflammer des herbes sèches. Ou ils roulaient entre leurs mains un bâton pointu sur du bois tendre : la chaleur du frottement donnait de la braise.

🦴 Préhistoire — L'agriculture

Pour se nourrir, nos ancêtres ont d'abord chassé les animaux et cueilli les plantes. Puis vers –9 000 ans, le climat s'est adouci. Les hommes se sont sédentarisés et ont appris à sélectionner les meilleures graines ! Ainsi sont apparus les premiers agriculteurs, d'abord en Mésopotamie (actuels Irak et Syrie) et en Chine. Selon le climat, ils cultivaient des céréales (blé, orge, millet, riz), des lentilles ou des pois chiches. Vers –8 000, les habitants des zones sèches ont inventé l'irrigation : ils ont creusé des canaux pour acheminer l'eau des fleuves jusqu'aux champs. Malin, non ?

Une charrue préhistorique

il y a 10 000 ans, les Hommes ont mis au point l'araire, l'ancêtre de la charrue : un simple bâton fixé à un autre morceau de bois, le tout tiré par des bœufs. Cet outil très précieux a rendu le travail de la terre moins fatigant et plus efficace ! Son invention a été rendue possible grâce à la domestication des premiers animaux.

🦴 Préhistoire — L'art

Nos ancêtres étaient déjà des artistes ! À partir de –35 000 ans, ils peignent et gravent au fond des grottes des animaux, des mains, des signes géométriques, des scènes de chasse... Ce sont les premières œuvres d'art de l'Histoire ! À partir de –8 000 ans, ils abandonnent les cavernes pour dessiner en plein air, sur des rochers. Ils sculptent aussi des statuettes féminines et décorent des objets en os ou en ivoire.

La lampe à huile... d'olive

Pour accéder aux cavernes, nos ancêtres ont dû s'éclairer. Les plus anciennes lampes à huile (–82 000 ans) étaient très rudimentaires : un coquillage ou une pierre creuse rempli de graisse animale avec de la mousse en guise de mèche. Ce n'est que vers –9 000 ans que les premières vraies lampes sont apparues grâce à la culture des oliviers et à la production d'huile d'olive.

🦴 Préhistoire — La roue

Avant la roue, les Hommes transportaient leurs affaires sur des traîneaux, qu'ils devaient tirer à la force de leurs bras ! Puis les premières roues ont été utilisées en Europe et en Mésopotamie entre 3 500 et 3 200 av. J.C. De la roue sont nés ensuite de nouveaux moyens de transport : les chariots et les charrettes. Plus pratiques pour transporter des matériaux de construction !

vivre mieux

Qui a inventé…

L'argent
Antiquité

Les plus anciennes pièces d'argent et d'or datent du VIIe siècle av. J.C. ! Elles ont été frappées par les Lydiens, les habitants de l'actuelle Turquie. Pour le billet de banque, il a fallu attendre que les Chinois en aient l'idée, au IXe siècle.
Avant l'invention de l'argent, les Hommes pratiquaient le troc, un échange de marchandises, ou bien utilisaient des coquillages et des grains de céréales comme monnaie d'échange.

Les canaux
Antiquité

Les canaux sont des voies d'eau creusées par l'Homme. Le premier vrai canal a été construit en 1300 av. J.C. en Chine, entre Pékin et Hangzhou, une ville de l'est du pays. Il mesurait 2 000 km : deux fois la distance entre Paris et Berlin ! Il accueillait des jonques plutôt que des péniches, qui n'existaient pas encore…

Les aqueducs
Antiquité

Bien avant les Romains, les Minoens, un peuple grec (−1700), construisent des tuyaux d'argile souterrains pour apporter l'eau à domicile. Vers −800, les Assyriens, un peuple de Mésopotamie, savent acheminer l'eau jusqu'à Ninive, leur capitale, sur une distance de 80 kilomètres. Il ne s'agit pas encore d'aqueducs mais l'idée de capter l'eau à sa source et de la faire circuler existe.
Ce sont finalement les Romains qui imaginent les premiers aqueducs sophistiqués. Entre le IIIe siècle av. J.C. et le IIe siècle apr. J.C., ils en bâtissent onze pour alimenter Rome. On estime que ces installations apportaient aux habitants deux fois plus d'eau au IIe siècle apr. J.C. que le système de distribution d'eau actuel !

Les routes
Antiquité

Il existait des routes pavées en Mésopotamie, en Égypte et en Grèce. Les Romains ont été cependant les premiers à construire un vaste réseau de routes carrossables (sur lesquelles on peut rouler). À la fin du IIe siècle apr. J.C., l'ensemble des routes romaines représentait environ 80 000 km : c'est quatre fois plus que l'actuel réseau des routes nationales et d'autoroutes en France !

> **Le premier « ciment » de l'histoire**
> Pour fabriquer du « ciment », les Romains mélangeaient des tuiles broyées à une roche volcanique, la pouzzolane. Au XIXe siècle, le Français Louis Vicat découvre comment fabriquer du ciment artificiel en étudiant les constructions romaines !

L'aqueduc : une invention romaine

Les Romains sont les premiers à bâtir des aqueducs de plusieurs kilomètres de long. Ces constructions acheminent l'eau jusque dans les villes. Pour les habitants, c'est un immense progrès : ils n'ont plus à marcher pendant des heures pour trouver un puits !

vivre mieux

vivre mieux

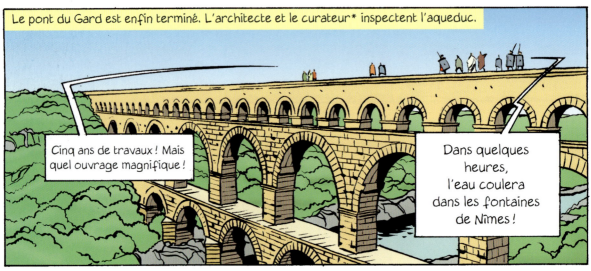

* Inspecteur.

Comment sont nés les robots ?

L'aventure des robots a débuté il y a longtemps. NAO* te raconte leur histoire. Elle commence à la fin du Moyen Âge avec celle de leurs ancêtres, les automates…

* NAO, créé par la société SoftBank Robotics en France, est le premier robot humanoïde interactif vendu dans le monde.

vivre mieux

vivre mieux

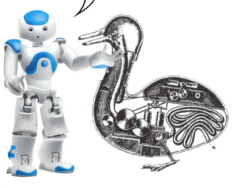

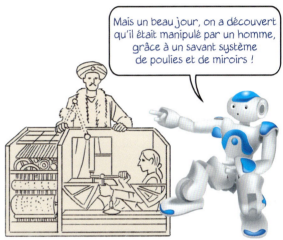

vivre mieux

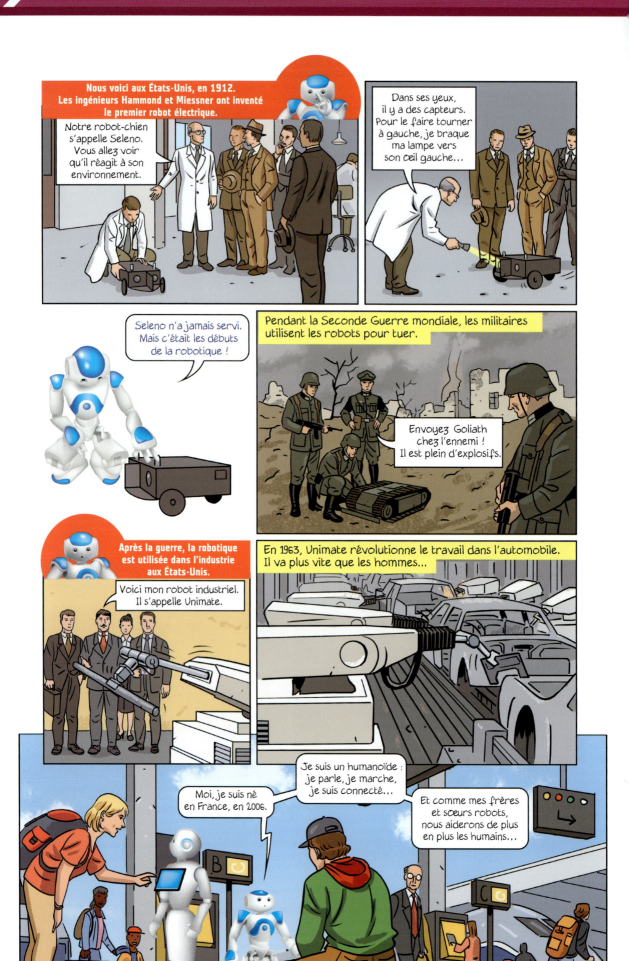

Qui a inventé…

Le mot « robot »

C'est un écrivain tchèque, Karel Capek, qui l'utilise pour la première fois dans une pièce de théâtre, en 1920. En tchèque, *robota* veut dire… « esclave » ! Aujourd'hui, « robot » désigne une machine contrôlée par un ordinateur, capable d'accomplir toute seule des tâches prédéfinies. Le robot est plus « intelligent » que l'automate : grâce à ses capteurs, il s'adapte à son environnement ! Il peut par exemple éviter des obstacles.

> **Astro, le petit robot**
> Les robots inspirent les écrivains. De 1952 à 1968, Osamu Tezuka publie des mangas qui racontent les aventures d'Astro, un petit robot créé pour remplacer le fils disparu de son inventeur. Astro a été adapté en dessin animé et en film.
>
>

Le premier robot industriel

Il est né aux États-Unis en 1959 et s'appelait « Unimate » (voir BD p. 24). Il ne ressemblait pas du tout à un humain ! Plutôt à un gros bras articulé pesant le poids de dix hommes… Capable de réaliser 2 000 mouvements différents, Unimate a été installé dans une usine de General Motors, un constructeur automobile américain. Il accomplissait des tâches dangereuses pour les ouvriers.

L'intelligence artificielle

On appelle « intelligence artificielle » la capacité pour un ordinateur de réfléchir et d'apprendre tout seul, sans l'aide de l'homme. L'intelligence artificielle est née après la Seconde Guerre mondiale grâce aux progrès des mathématiques, de l'informatique et des sciences qui étudient la pensée humaine et animale. Les machines à intelligence artificielle comprennent le langage humain. Elles analysent ce qu'elles « voient » et « entendent ». Elles possèdent une mémoire « personnelle ». Grâce à ces aptitudes, elles évoluent tout le temps !

> **Des robots soldats**
> Plusieurs pays testent des robots-animaux pour remplacer les soldats. Par exemple, le robot-serpent est capable de ramper jusqu'aux lignes ennemies pour espionner ; ou le robot-mule porte de lourdes charges. Toutes ces inventions inquiètent beaucoup les militants des droits de l'Homme.

Le premier robot chirurgien

En 1985, les médecins américains ont testé des robots d'un nouveau genre : les robots chirurgiens. Le premier à être mis en service s'appelait le « Puma 260 ». Au début, ces robots ont servi à opérer des genoux ou des hanches (par exemple, pour poser des prothèses). Aujourd'hui, ces machines très précises interviennent aussi sur le cœur ou le cerveau !

vivre mieux

Qui a inventé…

L'électricité

Ce n'est pas l'homme qui a inventé l'électricité, mais Dame Nature ! L'électricité se manifeste sous différentes formes. Par exemple, chez des animaux, l'anguille émet des décharges électriques pour se défendre. Par temps d'orage, la foudre peut tomber : là aussi, il s'agit de décharges électriques, qui se forment entre un nuage et la terre, ou entre deux nuages.

> **L'électricité statique, une vieille découverte !**
> Les Grecs de l'Antiquité connaissaient déjà l'électricité statique. Ils avaient remarqué qu'un morceau d'ambre (résine fossilisée) attirait des plumes ou de petits objets après avoir été frotté avec un morceau de laine ou de tissu !

La pile
XIXe siècle

Les Hommes savent produire de l'électricité depuis 1800, depuis l'invention de la pile électrique. Deux scientifiques italiens en sont à l'origine. Il y a d'abord eu Luigi Galvani. Dans son laboratoire, Luigi dissèque des grenouilles. Un jour, il remarque que les pattes de ces animaux morts bougent quand on les met en contact avec deux métaux différents. En 1800, Alessandro Volta réussit une expérience inspirée des travaux de Galvani. Il prouve qu'on peut créer de l'électricité à partir des réactions chimiques entre deux métaux. Le principe de la pile est né !

L'ampoule
XIXe siècle

Après que l'Homme eut compris comment produire de l'électricité (voir paragraphe « La pile »), il a cherché à exploiter ce nouveau savoir-faire pour éclairer les villes. En 1879, Thomas Edison invente la première ampoule électrique, après plus de 5 000 expériences ! Grâce à l'ampoule, l'éclairage est devenu constant et moins dangereux : les ampoules électriques ne produisent pas de fumée, contrairement aux lampes à pétrole ou à gaz.

L'énergie nucléaire
XIXe siècle

Aujourd'hui, on produit de grandes quantités d'électricité grâce à l'uranium, un métal présent dans le sol. L'uranium est utilisé comme combustible dans les centrales nucléaires. On « casse » ses atomes grâce à un gros réacteur : c'est la « fission nucléaire ». Cette opération dégage beaucoup de chaleur. Cette chaleur transforme de l'eau en vapeur d'eau, laquelle met en mouvement des turbines reliées à des alternateurs qui produisent de l'électricité. Les inconvénients du nucléaire sont connus : risque d'explosion des centrales (comme à Fukushima au Japon, ou à Tchernobyl, en Ukraine) et déchets radioactifs dangereux pour l'homme et la planète.

> **Les énergies propres et renouvelables**
> Il existe des sources d'énergie naturelles et inépuisables : le soleil, le vent… et même l'eau qui, par ses mouvements, produit de l'énergie. Aujourd'hui, on sait produire de l'électricité à partir de ces sources d'énergie grâce à des technologies inventées au XXe siècle : les éoliennes ou les panneaux solaires, par exemple.

Thomas Edison, pionnier de l'électricité

Au XIXᵉ siècle, le jeune Thomas passe son temps à bricoler dans la cave de ses parents. Il va devenir un grand inventeur…

vivre mieux

* La guerre de Sécession (1861-1865) est une guerre civile américaine qui a opposé des habitants du Nord à ceux du Sud des États-Unis.

vivre mieux

* La Bourse est un bâtiment public où des professionnels de la finance se retrouvent pour traiter de leurs affaires.

vivre mieux

Qui a inventé...

Les villes
Préhistoire

Les premières cités de l'Histoire sont sans doute nées en Mésopotamie (actuels Irak et Syrie), il y a 6 000 ans. Au fil du temps, les villages de cette région se sont transformés en villes avec la construction de palais, de bazars et de temples. Elles ont donné naissance à la civilisation des Sumériens. La capitale du pays de Sumer, Ur, abritait déjà entre 30 000 et 50 000 habitants ! Chaque ville sumérienne était protégée par des remparts en briques crues.

La poubelle
XIXᵉ siècle

Jusqu'à la fin du XIXᵉ siècle, Paris a été une ville vraiment dégoûtante. Les habitants se débarrassaient de leurs détritus sur la voie publique ! Heureusement, en 1884, un monsieur nommé Eugène Poubelle, qui était préfet, a eu la bonne idée d'organiser le ramassage des ordures dans la ville. Il a obligé les propriétaires des immeubles à procurer aux locataires des récipients « spécial déchets ». Au début, les gens étaient si mécontents de cette obligation qu'ils écrivaient le nom du préfet sur ces récipients. Ainsi sont nées nos poubelles modernes !

Les immeubles
Antiquité

Les Romains de l'Antiquité construisaient déjà des *insulae* : des habitations qui comptaient jusqu'à six étages. Les gratte-ciels modernes sont nés à Chicago, aux États-Unis, à la fin du XIXᵉ siècle. Ils faisaient dix étages. Aujourd'hui, les plus hauts gratte-ciels mesurent plus de 800 mètres (quatre fois la hauteur de la tour Montparnasse, à Paris !). Ils se trouvent en Asie et au Moyen-Orient.

> **L'ascenseur pour aller plus haut**
>
> Pour monter tous les étages d'un gratte-ciel, mieux vaut disposer d'un ascenseur ! Heureusement, cette invention a précédé la construction des premiers gratte-ciels de quelques années. C'est un ingénieur américain, Elisha Otis, qui l'a mis au point en 1853. Auparavant, il n'existait que des monte-charges, destinés au transport des marchandises.

Les WC
Antiquité

Il y a très longtemps, les Hommes évacuaient leurs déchets dans les cours d'eau naturels ou en les enterrant. Avec la concentration de population dans les villes, nos ancêtres ont dû réfléchir à des techniques pour éviter les mauvaises odeurs ! Les plus vieilles toilettes découvertes datent de 2 500 av. J.C. dans la vallée du fleuve Indus (actuel Pakistan). Elles étaient reliées à un système de collecte des eaux usées. Plus tard, ce sont les Romains qui ont construit à Rome les premiers vrais égouts. On peut toujours en admirer des portions aujourd'hui !

vivre mieux

Qui a inventé…

Le T-shirt
XXᵉ siècle

En 1904, une entreprise américaine, la Cooper Underwear Company, lance un maillot de corps en coton à manches courtes, qui se retire par la tête. C'est une idée nouvelle : au début du XXᵉ siècle, les hommes portaient encore sous leurs vêtements des sortes de longues chemises à boutons ! Très vite, les marins adoptent le maillot de corps, bien plus pratique. Plus tard, de grands acteurs d'Hollywood comme Marlon Brando le popularisent. Un écrivain américain lui donne même son nom : T-shirt, c'est-à-dire « maillot de corps en forme de T » !

La culotte
XXᵉ siècle

La culotte moderne est née… en 1918 seulement ! C'est un Français, Étienne Valton, qui en a eu l'idée. Il a simplement coupé les jambes d'un caleçon masculin en coton pour en faire une culotte. Au début, ce sous-vêtement bien pratique était destiné aux enfants. Finalement, les femmes l'adoptent dans les années 1950-1960, quand les pantalons pour les filles et les minijupes deviennent à la mode.

Et le soutien-gorge ?
Il n'est apparu qu'à la toute fin du XIXᵉ siècle, un peu avant la culotte. En 1898, une Française, Herminie Cadolle, coupe un corset en deux et y ajoute des bretelles : le soutien-gorge était né ! Quelques années plus tard, une Américaine, Mary Phelps, a l'idée de nouer deux mouchoirs en soie au moyen d'un ruban. Aujourd'hui, il existe plusieurs façons de fabriquer des soutiens-gorge.

Les pantalons
Antiquité

Les pantalons existent depuis au moins 3 000 ans. Les plus vieux spécimens, en laine, ont été retrouvés en 2014 en Chine dans les tombes de plusieurs cavaliers. Selon les archéologues, ce vêtement a été inventé pour permettre aux hommes de monter à cheval plus confortablement.

L'Inde, le pays du pyjama
Avant l'apparition du pyjama, les hommes dormaient… en chemise de nuit ! À la fin du XIXᵉ siècle, des Britanniques fortunés adoptent le pyjama, qui est inspiré des pantalons larges des Indiens. En Europe, les femmes ne portent des pyjamas (et des pantalons) que depuis les années 1920. Avant, ces vêtements étaient très, très mal vus !

Le « prêt-à-porter »
XIXᵉ siècle

Jusqu'à la fin du XVIIIᵉ siècle, les vêtements se fabriquent sur mesure chez un tailleur. Au XIXᵉ siècle, on commence à fabriquer les premiers vêtements en série. Beaucoup moins chers à produire, ils se vendent au plus grand nombre. C'est ce qu'on appelle aujourd'hui le « prêt-à-porter ». Cette expression est née aux États-Unis avant d'arriver en France dans les années 1950.

Le jean, le pantalon des chercheurs d'or

L'histoire des vêtements remonte à la Préhistoire et à l'invention de l'aiguille. Mais le jean, lui, a été inventé au XIXe siècle par un certain Levi Strauss.

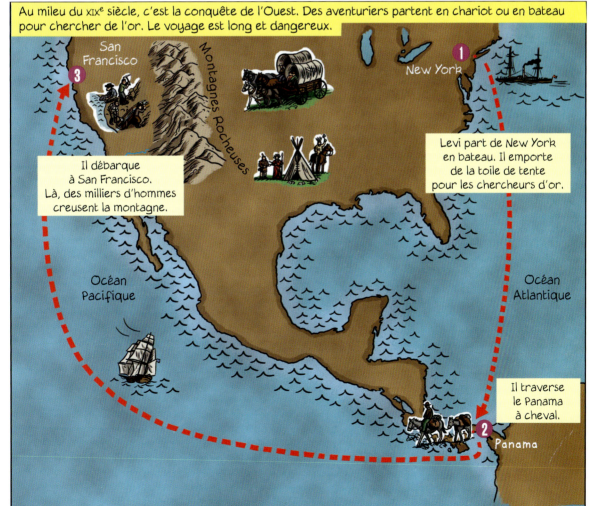

vivre mieux

vivre mieux

Qui a inventé...

Les baskets
XIXᵉ siècle

Ces chaussures de sport sont nées aux États-Unis, en 1868. Elles possèdent une semelle en caoutchouc, une substance souple qui vient d'un arbre, l'hévéa.

En 1972, l'Américain Bill Bowerman, l'un des créateurs de Nike, crée la première semelle en relief. L'idée lui est venue en observant le moule à gaufre de sa femme... À sa sortie, son modèle a été baptisé *Moon shoe* (« chaussure-lune », en français) en hommage à Neil Armstrong. En marchant sur la Lune, l'astronaute avait laissé des traces très semblables à celles de la basket de Bowerman.

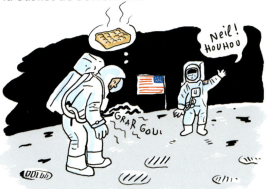

Les talons

Les Hommes ont ajouté des talons aux chaussures sans doute pour des raisons pratiques. Par exemple, dans les boucheries, on portait des chaussures surélevées pour ne pas se salir avec le sang répandu par les animaux. Dans l'Antiquité, le talon a aussi servi aux cavaliers romains et mongols à caler leurs pieds sur les étriers.

En France, c'est la reine Catherine de Médicis qui introduit la mode des talons au XVIᵉ siècle. Elle va faire fureur, à tel point qu'au siècle suivant, tous les nobles portent des talons, y compris le Roi-Soleil lui-même !

Les tongs
Antiquité

Si les Brésiliens sont aujourd'hui les plus gros producteurs de tongs, ils n'en sont pas les inventeurs.

Ces sandales existent en réalité depuis l'Égypte antique : elles se présentaient alors sous la forme de simples semelles de papyrus tressé, retenues aux pieds par une lanière de cuir. Les tongs sont ensuite arrivées chez les Perses et les Indiens. Ils les perfectionnent en y ajoutant une semelle de bois et une lanière en forme d'Y qui passe entre les orteils.

Plus tard, les Chinois et les Japonais se servent de la tong pour aller dans les rizières. Ce n'est que dans les années 1920 que la tong arrive au Brésil où elle devient un accessoire très à la mode, puis en Europe.

> **Tong, un mot vietnamien**
> Le mot tong lui-même a été introduit dans notre langue par les Américains qui occupaient le Vietnam dans les années 1960 et 1970.

Les talons aiguilles
XXᵉ siècle

Ces talons ont été imaginés dans les années 1940 et 1950 par les créateurs français André Perugia et Roger Vivier. André Perugia est connu pour ses talons aiguilles en forme de tire-bouchon ! Roger Vivier est le premier à fabriquer des talons hauts de 8 cm et... très fins. Aujourd'hui, les plus hauts talons aiguilles mesurent plus de 12 cm !

vivre mieux

Qui a inventé…

🏛 Antiquité **Les bonbons**

Les confiseries et les douceurs existent depuis l'Antiquité. Par exemple, les Romains se régalaient de fleurs enrobées de miel ! Cependant, à partir du XVIIe siècle, le goût pour les friandises sucrées se développe en Europe avec la découverte du cacao et de la vanille originaires d'Amérique. Dans les abbayes, les moines mettent au point des recettes, mais aussi les apothicaires (anciens pharmaciens) et les pâtissiers qui travaillent pour les riches familles. La plupart des bonbons actuels sont fabriqués à la chaîne dans des usines. Ils sont à base de sirop de sucre, de colorants et d'arômes artificiels ou naturels et de gélatine.

> **Vive la betterave à sucre !**
> Jusqu'au XVIIIe siècle, les bonbons coûtent cher car ils sont fabriqués avec de la canne à sucre, une plante importée des pays chauds. Les prix ne baissent qu'au XIXe siècle grâce à la découverte de la betterave à sucre, facile à cultiver en Europe.

🏤 Temps modernes **La pizza**

Au Xe siècle, le mot « pizza » existe déjà en Italie. Il désigne une galette de blé sans garniture. Au XVIIe siècle, à Naples, la pizza se mange avec du fromage, du basilic et… de la graisse de porc ! Elle devient très à la mode à partir du XIXe siècle grâce à la reine de Savoie Margherita. En visite à Naples, la souveraine aurait demandé à goûter à la pizza aux couleurs du drapeau italien : rouge (tomate), blanc (mozzarella), vert (basilic). Ainsi serait née la pizza Margherita proposée aujourd'hui dans toutes les pizzerias !

🏤 Temps modernes **Le sandwich**

C'est un Anglais, lord John Montagu, comte de Sandwich, qui aurait eu l'idée du sandwich à la fin du XVIIIe siècle. Lord Sandwich adorait se livrer à d'interminables parties de cartes qui ne lui laissaient pas le temps de prendre un vrai repas ! À la place, il se faisait apporter par ses domestiques du bœuf grillé coincé entre deux tranches de pain. Voilà comment il aurait donné son nom à ce « plat » qui se mange sur le pouce.

🏭 XIXe siècle **Le chewing-gum**

Dans l'Antiquité, les Mayas mâchaient déjà du chicle, une gomme à mâcher fabriquée avec le latex du sapotillier, un arbre qui pousse dans la forêt tropicale. Les chewing-gums modernes sont nés plus tard, à la fin du XIXe siècle. C'est un Américain, Thomas Adams, qui a mis au point la première recette en 1869. Aujourd'hui, les chewing-gums utilisent des gommes synthétiques.

> **Le hamburger né en Europe**
> Au XIXe siècle, des Allemands prenaient le bateau à Hambourg, une ville du nord de l'Allemagne, pour migrer aux États-Unis. À bord, la compagnie proposait des steaks hachés servis avec des oignons et de la chapelure. Une fois arrivés à New York, certains passagers vendaient ces steaks ! Ainsi seraient nés les premiers « hamburgers », venus de Hambourg.

Il était une fois la frite

La découverte de la pomme de terre en Amérique a donné des idées aux Européens. Ils ont inventé le hachis parmentier mais surtout la frite.

vivre mieux

*Petite truffe.

* C'est l'ancien nom de l'Allemagne.

vivre mieux

→ vivre mieux

Comment est né le chocolat ?

Comme la pomme de terre, le cacao a été rapporté d'Amérique par les conquérants espagnols au XVIe siècle. C'est en Espagne que le chocolat est inventé, d'abord sous la forme d'une délicieuse boisson chaude.

1519, au Mexique. L'empereur aztèque Montezuma reçoit le conquérant espagnol Cortez.

— Cette boisson est sacrée. Nous l'appelons xocoatl.
— C'est amer et très poivré !

Cortez découvre les coutumes aztèques. Ils utilisent des fèves de cacao comme monnaie.

Il crée des plantations de cacaoyers pour rapporter les fèves en Europe.

1528, Cortez rentre en Espagne.

— Avec ces fèves nous allons fabriquer une nouvelle boisson !

Il fait découvrir le chocolat à la Cour.

— Si on mettait du sucre de canne ?
— Cette boisson est étrange...

vivre mieux

Qui a inventé…

La fourchette

On ne sait pas qui a eu le premier l'idée de manger avec une fourchette. Cet ustensile a peut-être été inventé par les Égyptiens de l'Antiquité, ou par les Romains. Il possédait alors deux ou trois dents recourbées comme des crocs. Au XIe siècle, la fourchette arrive en Allemagne et en Italie. En France, c'est la reine Catherine de Médicis qui en popularise l'usage au XVIe siècle.

Le verre

Le verre existe à l'état naturel. Il est créé par la fusion d'éléments comme le sable ou des minerais qui se transforment sous l'effet de la chaleur produite par des éruptions volcaniques ou des éclairs.

Les Hommes ont commencé à produire eux-mêmes du verre en 3 000 ans av. J. C., au Moyen-Orient et en Égypte. Les premiers verres fabriqués n'étaient pas transparents mais opaques, et de couleur verte ou bleue. Aujourd'hui, le verre sert à fabriquer toutes sortes d'ustensiles de cuisine : les saladiers, les assiettes, les bouteilles…

Le four à micro-ondes

Cet équipement aujourd'hui très répandu a été inventé par hasard ! En 1945, Percy Spencer, un ingénieur américain, surveille dans une usine des magnétrons, des appareils produisant de puissantes ondes. Ces machines sont destinées à augmenter la puissance des radars. Mais un jour, Percy constate que la barre chocolatée de son goûter a fondu dans sa poche. Il vient de découvrir que les ondes des magnétrons peuvent cuire des aliments. Le principe du four à micro-ondes était né. Il faudra pourtant attendre encore quelques années avant que le micro-ondes soit commercialisé : le premier four à micro-ondes testé pesait 350 kg et mesurait 2 mètres de haut !

Du maïs au pop-corn

Pour vérifier que sa barre chocolatée avait bien fondu sous l'effet des ondes émises par les magnétrons, Percy Spencer a tenté une expérience. Il a placé des grains de maïs dans une assiette posée à côté d'un magnétron. En quelques secondes, ils se sont transformés en pop-corn ! Pour autant, Spencer n'est pas l'inventeur du pop-corn. Cette confiserie existait déjà chez les Mayas il y a 7 000 ans. La recette actuelle du pop-corn est née en 1853 grâce à une machine spéciale inventée par l'Américain Charles Cretors.

La boîte de conserve

Nicolas Appert était cuisinier. Dans les années 1790, il cherche un moyen de conserver les aliments autrement que par le sel ou le fumage. À force d'expériences et d'observation, il comprend qu'il faut chauffer les aliments puis les mettre à l'abri de l'air de manière hermétique pour pouvoir les manger plus tard en toute sécurité. Sans le savoir, Nicolas Appert a trouvé le moyen de tuer les microbes présents dans les aliments. Pour sa première conserve de petits pois, il a utilisé… une bouteille de champagne !

vivre mieux

Et demain...

1} Des maisons écologiques...

À l'avenir, les Hommes vivront dans des habitations économes en énergie. Grâce à leur exposition par rapport au soleil, aux matériaux utilisés et aux toits végétaux, elles seront mieux isolées du froid et de la chaleur. Elles produiront même de l'électricité gratuite grâce aux éoliennes et aux panneaux solaires installés sur leur toit.

2} ... et intelligentes !

Des appareils connectés faciliteront le quotidien des habitants : par exemple, il sera possible de programmer en une fois tous les appareils électroménagers de la maison : machine à laver, lave-vaisselle... Le réfrigérateur commandera les courses via une application. La poubelle triera elle-même les déchets. Les vitres se laveront toutes seules et l'eau utilisée dans la salle de bains se recyclera automatiquement !

3} Des vêtements qui soignent...

Grâce aux progrès de la chimie et de l'électronique, on portera demain des T-shirts équipés de mini-capteurs qui surveilleront les battements du cœur et la température corporelle. Ou bien des pantalons contenant des mini-capsules remplies de crème hydratante qui se diffuseront tout au long de la journée sur la peau ! Dans les hôpitaux, on fournira aux médecins, aux infirmières et aux patients des blouses qui tueront les bactéries.

4} ... qui ne puent pas ...

Finies les chaussettes qui empestent quand on retire ses chaussures ! Les chaussettes du futur contiendront des micro-capsules remplies de produits qui tueront les bactéries responsables des mauvaises odeurs. D'autres vêtements s'adapteront à la température extérieure pour éviter à leur propriétaire de transpirer.

Des menus à base d'insectes et d'algues

L'élevage intensif de bétail exige beaucoup d'eau. Or, avec le nombre grandissant d'êtres humains sur terre, l'eau pourrait un jour manquer ! Il faut trouver d'autres sources de protéines que la viande des bœufs ou des cochons. Des chercheurs très sérieux se sont donc intéressés aux insectes et aux algues, qui sont très nourrissants. Et ils ont concocté plusieurs recettes, que l'on pourrait déguster d'ici à 2050 : de la farine de scarabée pour faire son pain ; des beignets aux criquets en entrée ; des chips et des pâtes à base d'algues ; ou encore des grillons au chocolat en dessert. Bon appétit !

5} ... et qui rechargent les portables !

À l'avenir, il n'y aura peut-être plus besoin de brancher son chargeur sur un réseau électrique pour recharger son portable ! Plusieurs opérateurs travaillent en ce moment à mettre au point des bottes et des vêtements équipés de chargeurs fonctionnant avec la chaleur du corps. Pratique et économe, non ?

Communiquer

Durant la Préhistoire qui a duré des millions d'années, certaines espèces humaines communiquaient par la parole (voir p. 72). L'invention majeure d'un nouveau mode de communication marque la fin de la Préhistoire : l'écriture. Ces petits signes gravés ou dessinés révolutionnent le monde en permettant de fixer la parole et les connaissances. C'était il y a cinq mille cinq cents ans, presque hier en somme. Depuis on a juste inventé le livre (voir p. 56), le téléphone (voir p. 68), l'Internet (voir p. 76)…

communiquer

Qui a inventé…

🏛 Antiquité L'écriture

L'écriture a été inventée à Sumer. Ce pays se situe entre deux fleuves, le Tigre et l'Euphrate, là où se trouve aujourd'hui l'Irak.

Vers –3 300, les Sumériens utilisaient des petits dessins, les pictogrammes. Puis ces dessins se sont transformés en une écriture plus perfectionnée, appelée « cunéiforme », qui veut dire en forme de coin.

Les Sumériens écrivaient sur des tablettes d'argile avec des plumes en roseau taillé.

Les hiéroglyphes
C'est l'écriture sacrée des Égyptiens. Elle apparaît vers –3 200. Les hiéroglyphes mêlent dessins et signes qui correspondent à des mots ou à des sons.

🏛 Antiquité L'école

Elle existe dans toutes les grandes civilisations de l'Antiquité. En Égypte, en Chine, en Grèce, dans l'Empire romain, on apprend aux enfants à lire et à écrire. Mais seuls les enfants de rois ou issus de familles riches ont ce droit. Et les filles n'ont pas accès à l'école.

Alors **pourquoi dit-on que c'est Charlemagne qui a inventé l'école ?** Au IXe siècle, ce souverain est à la tête d'un immense empire européen. Lui-même sait très mal lire et écrire ! Mais il va développer l'école pour qu'un plus grand nombre d'enfants sachent lire et écrire. Il espère en faire ainsi de bons serviteurs de l'État, capables de comprendre les lois. Au programme : la lecture, l'écriture, le calcul et le chant.

🏛 Antiquité Les chiffres

Inventés par les Romains, **les chiffres romains** combinent 7 symboles : I, V, X, L, C, D, M qui représentent 1, 5, 10, 50, 100, 500, 1 000. Mais avec ces chiffres, il est difficile de faire des opérations. Ils disparaissent au profit des chiffres arabes. **Les chiffres arabes** (0, 1, 2, 3, 4, 5, 6, 7, 8, 9) ont été inventés… en Inde ! Au IXe siècle, les Arabes repèrent que ces signes et le système décimal (selon leur place dans un nombre, ces chiffres sont des unités, des dizaines, des centaines…) facilitent les calculs. Ils diffusent ces chiffres dans le monde. Le mot chiffre vient d'ailleurs de *sifr*, qui signifie « vide » en arabe et désigne le zéro au départ.

🏛 Antiquité L'alphabet

Les Phéniciens, un peuple de la Méditerranée, sont de grands commerçants. Ils ont besoin d'une écriture plus simple que celle des Sumériens et des Égyptiens. Vers –1 200, ils mettent au point un système de 22 signes représentant des consonnes. Les Grecs s'en inspirent et y ajoutent des voyelles. Vers –400, les Romains créent l'alphabet latin, inspiré du grec. Au cours des conquêtes romaines, ce dernier se diffuse et est à l'origine de tous les alphabets occidentaux.

D'où vient le mot alphabet ?
Du phénicien *aleph* qui veut dire « bœuf » et *beth*, « maison ». Les Grecs ont repris ces mots pour nommer les deux premières lettres de leur alphabet : alpha, bêta.

À l'école des scribes

Dans l'Antiquité, il faut des années pour apprendre
les hiéroglyphes, l'écriture sacrée des Égyptiens !
Les meilleurs scribes travailleront au service du pharaon.

communiquer

communiquer

Qui a inventé…

Le papyrus
Antiquité

Cette plante poussait en bordure du Nil, le grand fleuve qui traverse l'Égypte. Les Égyptiens de l'Antiquité en mangent les racines et fabriquent des barques en tressant les tiges. Ces mêmes tiges sont découpées en fines lamelles, puis superposées et entrecroisées en couches verticale et horizontale. Après pressage et séchage, on obtient des feuilles qui peuvent atteindre 15 mètres de long ! Les scribes y écrivent des lettres, des textes religieux, des comptes…
Pour être conservées, ces feuilles sont roulées. Le rouleau de papyrus est donc le livre de l'Antiquité. Les Grecs et les Romains ont aussi utilisé le papyrus.

Le papier
Antiquité

Le papier ne sert pas qu'à écrire. Bien avant de maîtriser l'écriture, les Chinois de l'Antiquité fabriquent du papier pour faire des lanternes, des couvertures, des vitres…
Vers 105, Cai Lun, ministre de l'empereur Hoti, conçoit une pâte à papier de meilleure qualité fabriquée à partir de vieux chiffons, d'écorces et de filets de pêche réduits en bouillie (voir BD p. 57).
À partir du VIe siècle, les Chinois utilisent le papier pour reproduire en plusieurs exemplaires textes et images. Mais ces techniques sont très longues et minutieuses. Au IXe siècle, ils inventent l'imprimerie à caractères mobiles. Comme il y a des milliers de caractères chinois, le travail d'impression est long et complexe. L'imprimerie sera perfectionnée en Europe au XVe siècle (voir BD p. 60).

Le parchemin
Antiquité

C'est une peau animale, préparée de telle sorte qu'on puisse écrire dessus. La peau est débarrassée de ses poils, raclée, polie, poncée.
Déjà les Perses se servent de bandes de cuir animal pour écrire dessus.
Mais le mot « parchemin » vient du nom de la ville de Pergame (aujourd'hui en Tunisie). C'est là qu'au IIe siècle av. J.C., on met au point la préparation de la peau. Le parchemin, très résistant, a supplanté le papyrus, avant l'arrivée du papier.

Les livres
Moyen Âge

◆ **En Chine,** le plus vieux livre imprimé est le *Sutra du diamant* qui date de 868. C'est un rouleau de 5 mètres de long, composé de 7 feuilles de papier, qui évoque la vie et l'enseignement de Bouddha. Les feuilles ont été imprimées à l'aide de planches gravées en relief ; puis elles ont été collées bout à bout.

◆ **En Europe,** les premiers livres sont des parchemins cousus ensemble. Ils sont recopiés un par un à la main par des moines qui écrivent à la plume et les décorent de peintures, appelées « enluminures ».
En 1440, l'Allemand Gutenberg perfectionne l'imprimerie. Sa presse permet de fabriquer des livres en plusieurs exemplaires, sur du papier (voir BD p. 60). Son premier livre imprimé est une Bible en latin.

> **Le premier dictionnaire**
> En France, sous le règne du roi Henri IV, Jean Nicot publie le *Trésor de la langue française*. Ce savant y classe les mots et les expressions du français, et les explique en latin.

Le papier, une invention chinoise

Inventé sous le règne de l'empereur Hoti, les secrets de fabrication du papier restent longtemps un secret bien gardé…

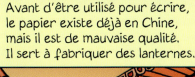

communiquer

→ communiquer

Gutenberg révolutionne l'imprimerie

Au XVᵉ siècle, un Allemand, Johannes Gutenberg, cherche de nouvelles techniques de fabrication des livres. Il va perfectionner l'imprimerie.

communiquer

communiquer

Qui a inventé...

🏛 Antiquité La poste

Les Romains ont développé un service postal très organisé, au Ier siècle apr. J.C. À cette date, l'Empire romain est très étendu tout autour de la mer Méditerranée et il possède des routes pavées bien entretenues. L'empereur Auguste organise le *Cursus publicus* qui veut dire « transport public », en latin. Celui-ci achemine des messages officiels à pied, à cheval ou en char par la route. Les cavaliers peuvent s'arrêter dans des gîtes pour dormir et changer de chevaux.

> **Le timbre-poste**
>
> Il apparaît en 1840 au Royaume-Uni. L'expéditeur achète une vignette et paie ainsi le transport de sa lettre. Le premier timbre-poste s'appelle « le Penny Black ». Il vaut un penny, et il représente la reine Victoria de profil, sur un fond noir.

🏭 XIXe siècle La boîte aux lettres

Les premières boîtes aux lettres publiques sont inventées en Italie, au XIVe siècle. Les habitants de Rome ou de Venise y déposent des lettres pour dénoncer quelqu'un qui vole ou commet un délit. La boîte a souvent une tête de lion et s'appelle « bouche de lion » ou « bouche de vérité ».

En France, la boîte aux lettres apparaît au milieu du XVIIe siècle, à Paris. Une quinzaine de boîtes sont installées dans les grandes rues de la capitale et sont relevées trois fois par jour.

🏛 Temps modernes La carte postale

Née en Autriche en 1865, la première carte postale n'a pas d'image. C'est une carte de correspondance qui coûte moins cher à expédier qu'une lettre mais qui manque de discrétion puisqu'elle n'a pas d'enveloppe. En France, elle apparaît en 1870, dans Strasbourg assiégée par l'armée allemande. La Croix-Rouge édite une carte postale pour que les blessés correspondent avec leur famille.

Les premières cartes postales imagées servent de publicité. Par exemple, un grand magasin imprime des cartes montrant un dessin de son immeuble.

Avec le développement de la photographie et du tourisme, la carte postale connaît un essor spectaculaire au début du XXe siècle.

📺 XXe siècle Le courriel

Le premier courriel (pour « courrier électronique », *e-mail* en anglais) a été envoyé en 1971 par Ray Tomlinson. Cet informaticien américain travaille alors pour Arpanet, un réseau destiné aux militaires et qui donnera naissance à l'Internet (voir p. 76).

Il conçoit un programme pour envoyer des messages électroniques. Il a aussi l'idée d'utiliser le signe @ pour séparer les deux parties d'une adresse électronique.

> **D'où vient l'arobase ?**
>
> Ce « a » entouré d'un petit rond viendrait du mot latin *ad* qui veut dire « chez, vers, à » et qui a donné le mot anglais *at*. Il figurait sur les claviers des machines à écrire anglaises et américaines car il était très utilisé par les commerçants pour indiquer un prix : @ $ 10 se lisant « à 10 dollars ».

Le voyage de la malle-poste

Au XVIIIe siècle en France, le transport des lettres est assuré par le service de la poste aux chevaux. C'était un métier épuisant et dangereux…

communiquer

communiquer

Qui a inventé…

Le télégraphe
XIXᵉ siècle

Télégraphe, ça veut dire « écrire au loin », en grec.

◆ **Le télégraphe optique** est inventé par le Français Claude Chappe en 1793. Une série de tours situées sur des hauteurs envoient des messages codés grâce à des bras articulés actionnés par un opérateur. Avec différents relais, un message traverse la France en quelques heures. Mais le système ne fonctionne ni la nuit ni par mauvais temps.

◆ **Le télégraphe électrique** est inventé par l'Américain Samuel Morse en 1832. Sur un câble électrique reliant deux villes, un opérateur envoie des impulsions courtes et longues en appuyant sur un bouton. À l'autre bout du câble, un agent récepteur décode le message reçu.

> **C'est quoi le code Morse ?**
> Il a été conçu par Samuel Morse. Chaque lettre et chiffre est traduit en une série de signaux courts ou longs qui s'écrivent avec des points ou des traits : une pression longue du télégraphiste donne un trait, une pression courte un point. Ce code international est toujours utilisé, par radio, par signal lumineux ou sonore. Par exemple le signal de détresse (SOS) s'exprime en Morse par
> . . . — — — . . .

Pourquoi dit-on « allô » au téléphone ?

Le téléphone est né aux États-Unis au XIXᵉ siècle et les Américains disaient « hello » quand ils décrochaient. La déformation de ce mot a donné « allô » en France, « hola » en Espagne, « hallo » en Allemagne. Mais les Italiens disent « pronto » et les Japonais « moshi moshi »…

Le téléphone
XIXᵉ siècle

Téléphone, ça veut dire « voix au loin », en grec. En 1876, Alexander Graham Bell invente un appareil qui transforme les vibrations de la voix en vibrations électriques et les reproduit à distance : le téléphone est né (voir BD p. 69). Grâce à Thomas Edison qui déploie le réseau électrique aux États-Unis (voir BD p. 27), ce pays est le premier au monde à s'équiper de téléphones. Mais passer un coup de téléphone n'est pas aussi simple qu'aujourd'hui. L'abonné décroche son téléphone qui n'a pas de cadran, il est mis en communication avec l'opératrice d'un central téléphonique qui joint l'autre abonné…

Le smartphone
XIXᵉ siècle

En anglais, *smartphone* veut dire « téléphone intelligent ».

Les téléphones portables fonctionnent grâce aux satellites, ces engins envoyés dans l'espace et qui tournent autour de la Terre. Le téléphone portable est inventé par l'Américain Martin Cooper, en 1973. Le premier qui est vendu en 1983 mesure 25 cm et pèse près de 1 kilo ! Le premier smartphone date de 1994 et est fabriqué par la marque IBM. Il est encore volumineux mais c'est un mini-ordinateur et un téléphone. En 2007, la marque Apple lance son iPhone dont l'écran tactile est une révolution.

L'invention du téléphone

En 1876, la première conversation téléphonique de l'histoire a lieu de part et d'autre d'une cloison ! Mais qui était Alexander Graham Bell, l'inventeur du téléphone ?

communiquer

communiquer

Qui a inventé...

🦴 Le langage
Préhistoire

Il est très difficile de savoir depuis quand les humains parlent. Car les paroles s'envolent sans laisser de traces. Les chercheurs pensent que les hommes auraient échangé leurs premiers mots il y a plus de 1 million d'années. L'espèce *Homo erectus* qui a vécu de –1,8 million d'années à –100 000 ans communiquait sans doute déjà par le langage. D'après l'étude de leur crâne et de leur comportement, on sait que *Neandertal* et *Homo sapiens* avaient certainement un langage articulé, nécessaire pour transmettre leurs connaissances techniques.

D'où viennent toutes les langues ?

On ne parle pas tous la même langue sur la Terre, parce que l'homme est un grand voyageur. Les chercheurs pensent que toutes les langues découlent d'une seule : celle de nos ancêtres, les *Homo sapiens*. Ils se sont dispersés sur toute la planète et leur langage s'est modifié et adapté à leur environnement. Par exemple, dans le Grand Nord, il y a vingt façons de parler de la neige. Dans les déserts chauds, c'est inutile !

🏭 Le braille
XIXe siècle

C'est un alphabet destiné aux aveugles qui porte le nom de son inventeur français, Louis Braille. Aveugle depuis l'âge de 3 ans, Louis Braille apprend les lettres de l'alphabet grâce à des clous que son père plante dans une planche en bois. À 10 ans, il entre à l'Institution royale des jeunes aveugles. Les élèves de cette école apprennent à lire avec des lettres en relief mais ne peuvent pas écrire. À 15 ans, Louis Braille invente un système de lecture et d'écriture, utilisant une combinaison de 1 à 6 points en relief disposés en 2 colonnes de 3 points. Il crée aussi une notation musicale braille.
Aujourd'hui, cet alphabet est toujours utilisé dans le monde entier. L'informatique permet de reproduire ou de transmettre des textes en braille.

> **La langue des signes**
>
> S'exprimer avec des gestes, ça se fait depuis toujours. Mais pendant longtemps, les sourds-muets ne sont pas allés à l'école. En France, en 1760, l'abbé Charles de L'Épée imagine une école pour les sourds où leur est enseignée la langue des signes (voir BD page ci-contre).

🏰 Les noms de famille
Moyen Âge

Vers l'an 1000, les Européens portent un simple prénom. Comme il devenait difficile de différencier les gens ayant le même prénom, on a ajouté un surnom lié à l'aspect, au métier, au lieu : Pierre Le Roux, Jean Boucher, Louise des Bois. Ce surnom est devenu un nom que le père et/ou la mère transmettent à leurs enfants.

L'aventure de la langue des signes de l'abbé de L'Épée

La langue des signes est une langue comme les autres mais, au lieu d'utiliser la voix, elle se parle avec le visage et les mains. Enseignée au XVIIIe siècle, elle est rejetée au XIXe, avant d'être de nouveau reconnue en France, depuis 1991.

* Professeur.

communiquer

* Minitel : l'ancêtre de l'ordinateur domestique.

communiquer

Qui a inventé…

La presse écrite
Temps modernes

Le développement de l'imprimerie (voir BD p. 60) fait naître plein de petits journaux en Europe. En France, le premier journal s'appelle *La Gazette*. Cet hebdomadaire est créé par Théophraste Renaudot en 1631 et il a la taille d'un livre de 4 à 8 pages. Le roi Louis XIII a donné le droit à Renaudot de « faire imprimer et vendre les nouvelles, de tout ce qui s'est passé et se passe tant au-dedans qu'au dehors du royaume ». Le roi contrôle le journal. Louis XIII et son ministre Richelieu écrivent même certains articles de *La Gazette* !

> **Les canards s'envolent !**
> Dès 1530, des feuilles volantes appelées « canards » se vendent dans la rue. Ils ont beaucoup de succès et racontent des faits divers : meurtres, catastrophes…

La radio
XIXᵉ siècle

Différents chercheurs ont collaboré à l'invention de la radio. Parmi eux, l'ingénieur serbe, naturalisé américain, Nikola Tesla qui dépose un brevet en 1891 et le physicien italien Guglielmo Marconi qui fait de même en 1895. La radio est d'abord utilisée par l'armée avant de devenir un grand moyen de communication. Le 24 décembre 1906, la première émission radiophonique a lieu : elle diffuse des chants de Noël et est écoutée à 800 km de son lieu de diffusion.

> **Vive le transistor !**
> Les premiers postes radio sont énormes et ne peuvent être déplacés. Dans les années 1950, on invente le poste à transistor qui contient un détecteur miniature d'ondes radio. Chouette, on peut se déplacer avec sa radio !

La télévision
XXᵉ siècle

Plusieurs inventeurs ont contribué à la naissance de la télévision. Le plus connu est le Britannique John Baird. En 1926, cet ingénieur fait une démonstration de son invention à Londres. On ne voit alors qu'un petit personnage en noir et blanc et cette image est émise d'une pièce voisine.
En France, la première émission est diffusée en 1935 : une actrice donne une conférence sur la Comédie-Française. Le premier journal télévisé français date de 1949.

L'Internet
XXᵉ siècle

L'Internet aussi a plusieurs inventeurs. En 1969, à la demande de l'armée américaine, naît l'Arpanet. C'est un réseau d'ordinateurs reliés entre eux. Ainsi, en cas de guerre, si un ordinateur était anéanti, toutes les informations ne disparaîtraient pas d'un coup. Peu à peu, d'autres réseaux se développent dans le monde. En 1990, Tim Bernees-Lee invente à Genève le premier serveur web, *World Wide Web* qui veut dire en anglais « large toile (d'araignée) mondiale ».
Internet s'ouvre alors au grand public et propose des pages mélangeant du texte, des images et des liens. En très peu de temps, il change le monde en accélérant l'échange d'informations.

Le premier ordinateur

En 1948, le premier ordinateur programmable du monde s'appelle Manchester Mark I. Il pèse des dizaines de tonnes et remplit une salle entière !

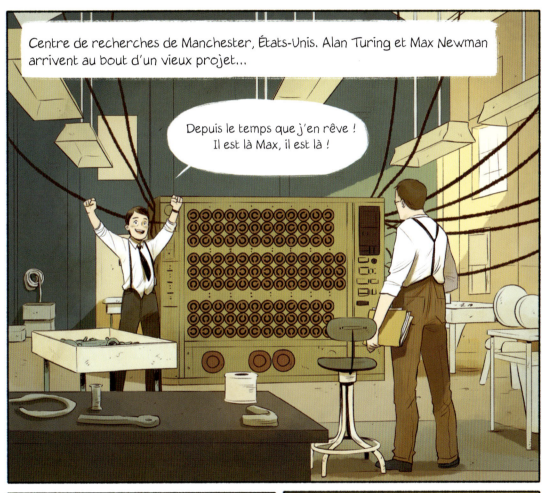

communiquer

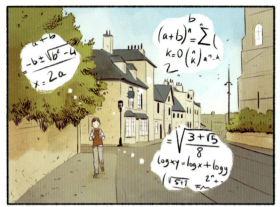

Malgré ses résultats médiocres, Alan entre au King's College de Cambridge en 1931.

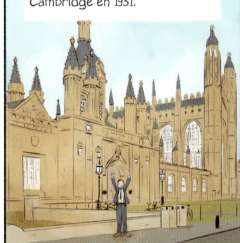

Durant ses études, il se pose toujours la même question...

Quelles sont les choses qu'on ne peut pas calculer ?

Ses recherches très complexes, nommées « Machine de Turing », jettent les bases des futurs ordinateurs, sans que personne ne l'imagine encore.

Messieurs, cette machine est plus efficace que n'importe laquelle de vos armes.

En se basant sur la logique mathématique, elle permettra de décoder les messages secrets d'Enigma, la machine de cryptage des nazis.

Mesdames, messieurs, l'heure est sombre : la Grande-Bretagne et la France ont déclaré la guerre à l'Allemagne nazie.

Le 3 septembre 1939, la Seconde Guerre mondiale débute. Alan Turing entre dans les services secrets.

*Voir p. 25.

communiquer

Et demain…

Inventer l'imprimerie a pris des millénaires. Mais il ne s'est écoulé que cinquante ans entre l'invention de l'ordinateur et du *World Wide Web*, le premier serveur web (voir p. 76). Les choses vont continuer à s'accélérer !

1} Le smartphone incassable

Le smartphone est déjà un téléphone, un mini-ordinateur, un appareil photo, une caméra, un GPS… À l'avenir, il sera aussi ultrafin et flexible : tu pourras l'ajuster comme un bracelet autour de ton poignet. Il résistera aux chocs, à l'eau. Et il pourra même servir de clé de contact pour démarrer une voiture : il sera comme une télécommande universelle.

2} Des écrans holographiques

Comme dans *Star Wars* ! Nos écrans deux dimensions (smartphone, télévision, montre…) vont prendre du relief. En effet, les hologrammes, ces images 3D projetées dans l'espace, seront l'innovation la plus spectaculaire des années à venir.

3} Des traducteurs simultanés

Tu rêves de voyager sur toute la planète ou vers d'autres galaxies, mais tu te demandes comment tu vas communiquer avec des gens ou des extraterrestres dont tu ne connais pas la langue ? À l'avenir, ce sera facile : des écouteurs sans fil dans ton oreille traduiront automatiquement les paroles de l'interlocuteur dont tu ne connais pas la langue.

Les lunettes à réalité augmentée

La réalité augmentée, c'est le fait de superposer du virtuel sur le monde réel. Dans le cas des lunettes, elles pourront afficher instantanément des messages reçus sur ton téléphone ou bien, par exemple, des informations sur un lieu que tu es en train de visiter… Imagine que tu visites les ruines d'un château fort : grâce à ces lunettes, tu pourras le découvrir tel qu'il était au Moyen Âge !

4} Le contrôle par la pensée

Demain, l'humain commandera aux machines par la pensée. Pour cela, on capte l'activité du cerveau puis on la traduit en commandes informatiques. Ça paraît fou mais cela fonctionne déjà. Des chercheurs ont créé un jeu vidéo de football : deux humains portant un casque bourré de capteurs jouent l'un contre l'autre grâce à leur activité cérébrale.

S'amuser

« C'est toi le tigre aux dents de sabre ! » On ne saura jamais si les enfants de la Préhistoire jouaient au « tigre aux dents de sabre », comme tu joues à chat, mais on peut le supposer... Depuis très longtemps, les « petits d'homme » s'amusent en se poursuivant, font de la musique en tapant avec un bâton, ou imitent leurs parents en jouant à la poupée.
Mais qui a inventé des jeux comme les échecs, les cartes à jouer, les Lego ? Dans quel pays sont nés le tennis, le football, le judo ? Comment ont été conçus le premier dessin animé ou le piano ? Les réponses à toutes ces questions dans ce chapitre.

s'amuser

Qui a inventé...

🏛 Antiquité Les premiers jouets

C'est difficile de dire quel est le plus ancien jouet du monde. Les enfants préhistoriques fabriquaient sans doute des jeux avec du bois et des cailloux. Mais il n'y en a pas de traces. Par contre, des jeux datant de l'Antiquité ont été retrouvés dans des tombeaux ou représentés sur des vases anciens... On sait ainsi que les Égyptiens, les Grecs, les Romains jouaient **à la poupée et aux billes.**

En Égypte, on a retrouvé des poupées en terre cuite, en bois ou en ivoire. Certaines avaient des bras et des jambes mobiles.

En Grèce, on jouait aux billes avec des petits os ou avec des olives. Les Romains, eux, lançaient des noix ou des noisettes dans un vase ou avec un cornet à dés.

🏰 Moyen Âge Les échecs

Ce jeu de stratégie est né en Inde au VIe siècle. Il s'appelait *chaturanga* et opposait quatre armées : les chars, la cavalerie, les éléphants et l'infanterie. Il se jouait sur une table de 8 x 8 cases. Le jeu est ensuite passé en Perse.

La large diffusion des échecs est due aux Arabes. Quand ceux-ci conquièrent la Perse en 642, ils se passionnent pour ce jeu et ils le font connaître en Occident, au fur et à mesure que leur empire s'agrandit, jusqu'en Espagne. Au nord vers la Russie, et à l'est vers la Chine et le Japon, ce sont les caravanes de marchands qui apportent le jeu. Chaque pays a fait évoluer le plateau de jeu, les pions et les règles.

🏰 Moyen Âge Les cartes à jouer

Les plus anciens jeux de cartes connus sont chinois et datent du VIIe siècle. Les cartes à jouer arrivent en Europe au XIVe siècle. Le jeu a 52 cartes. Mais, à cette époque, les dessins représentés sur les cartes, appelés « enseignes » ou « couleurs », sont une coupe, une pièce de monnaie, un bâton, une épée. Peu à peu, celles-ci se transforment selon les pays : rose, grelot, gland, feuille...

Au XVe siècle, en France, le cœur, le carreau, le trèfle et le pique sont retenus car ce sont des dessins faciles à reproduire. Les personnages représentent des rois, des dames et des valets. Le roi de cœur représente Charlemagne, le roi de carreau Jules César, le roi de pique David et le roi de trèfle Alexandre le Grand.

Quant aux deux jokers, ils apparaissent dans les jeux américains à la fin du XIXe siècle.

🏛 Temps modernes Le puzzle

C'est peut-être un jeu qui existe depuis l'Antiquité mais on n'en a pas retrouvé de traces aussi lointaines. Par contre, on sait qu'en 1766, l'Anglais John Spilsbury colle une carte d'Angleterre sur une fine planche de bois et la découpe en suivant les frontières des comtés. Il fabrique aussi des cartes avec les différents pays du monde connu à l'époque. Ces premiers puzzles devaient aider les enfants à apprendre la géographie.

L'ours en peluche

La première peluche très connue était un ours. Elle a été inventée en 1902 par Margarete Steiff, une couturière allemande, et son neveu Richard, passionné par les ours. Ils imaginent un jouet articulé en forme d'ours. Ce premier nounours est en mohair, il est rembourré avec de la paille et mesure 55 cm. Il connaît très vite un grand succès dans le monde entier.

Aux États-Unis, en 1903, le président Theodore Roosevelt épargne un ourson lors d'une partie de chasse. Un dessinateur publie dans un journal une caricature du président en ours. En s'inspirant de ce dessin, Rose et Morris Michtom créent, eux aussi, un ours en peluche, baptisé Teddy Bear, l'« ours Teddy », car Teddy est le surnom de Theodore Roosevelt.

Les Lego et la Barbie

◆ **Les célèbres briques en plastique** ont été inventées, en 1949, par le Danois Godtfred Christiansen. Il travaillait dans l'entreprise de jouets de son père, appelée Lego parce que *leg godt* signifie « joue bien » en danois. Aujourd'hui, sept boîtes de Lego sont vendues chaque seconde dans le monde !

◆ **La poupée Barbie** a été créée par l'Américaine Ruth Handler, en 1959. La poupée mannequin connaît tout de suite un tel succès que le mari de Ruth, Elliot Handler, fonde la société Mattel qui commercialise toujours la poupée. Barbie est un diminutif de Barbara, le prénom de la fille de Ruth et Elliot Handler.

Le jeu vidéo

En 1968, aux États-Unis, Ralph Baer invente la première « boîte de jeux » qui peut être branchée sur un téléviseur. D'abord appelée *Brown Box*, la « boîte marron », elle est commercialisée en 1972 sous le nom d'*Odyssey*. Cette console de jeux comprend un joystick et des jeux rudimentaires en noir et blanc de ping-pong et de football. Des décors transparents se posent sur l'écran de télévision. Pourtant le succès est immédiat : 100 000 Odyssey sont vendus en quatre mois.

La même année, l'Américain Nolan Bushnell crée la société Atari et lance Pong, le premier jeu vidéo grand public. Il demande beaucoup d'adresse et affiche les scores à l'écran.

Les patins à roulettes

En s'inspirant des patins à glace, le Belge Jean Joseph Merlin invente les premiers « patins de terre » en 1760. Il fixe des rouleaux métalliques en ligne, sur une planche de bois. En testant son invention lors d'une fête à Londres, Merlin se serait écrasé sur un grand miroir et aurait failli mourir.

En 1863, l'Américain James Plimpton invente le *rocking skate*. Ces patins ont 4 roues en bois orientables qui sont fixées deux à deux, devant et derrière. Les rollers en ligne sont nés en 1960 : la chaussure est fixée au support qui comporte 4 roues en ligne.

s'amuser

Qui a inventé...

Le judo
XIXᵉ siècle

C'est le Japonais Jigoro Kano (1860-1938) qui inventa ce sport de combat. Il a adapté le ju-jitsu, une technique de combat à mains nues utilisée par les samouraïs. Il nomma cette nouvelle discipline « ju-do », ce qui veut dire « voie de la souplesse ». Le judo est le premier art martial japonais qui soit devenu un sport olympique.

> **Moins de 30 secondes**
> En France, le premier combat de judo a lieu en 1905, en plein air sur la terrasse d'une usine, dans la banlieue de Paris. Il dure moins de 30 secondes et est gagné par Ernest Régnier, qui se fait appeler RÉ-NIÉ.

Le tennis
Moyen Âge

L'ancêtre du tennis est le jeu de paume qui apparaît en France au Moyen Âge. On renvoie la balle avec la paume de la main, d'où son nom. On dit « Tenez » en mettant la balle en jeu et ce mot donnera « tennis ». La raquette apparaît au XVIᵉ siècle. C'est l'Anglais Walter Clopton Wingfield qui définit les règles du tennis moderne, en 1875.

> **Et dans le village de Badminton...**
> ... un Anglais invente le volant, en 1876, en piquant des plumes dans un bouchon de champagne. Le badminton est né. Ce jeu de raquettes s'inspire d'un jeu indien qui utilisait une balle en duvet.

Le ski
Préhistoire

On sait que les hommes préhistoriques utilisaient déjà des skis. Dans le nord de l'Europe et de l'Asie, des gravures de plus de 6 000 ans montrent des humains sur de longues planches avec un bâton. C'était un moyen de se déplacer mais aussi de chasser le gibier en suivant ses traces sur la neige et en s'en approchant sans faire de bruit.
En Scandinavie, au XIVᵉ siècle, les soldats du roi font la guerre à skis.
C'est au XXᵉ siècle que le ski devient un sport de loisir (voir BD p. 87) et de compétition. Les planches de ski se raccourcissent et les fixations s'améliorent.

> **Tous à Chamonix !**
> En 1924, les premiers jeux Olympiques d'hiver ont lieu à Chamonix : 250 athlètes participent aux épreuves de ski de fond, hockey sur glace, saut à skis, bobsleigh, curling, patinage. Une Norvégienne de 11 ans, Sonja Henie, concourt en patinage artistique.

Le football
XIXᵉ siècle

Ce sont les Anglais qui ont fixé les règles du football actuel, les dimensions du terrain et des buts, le nombre de joueurs... D'ailleurs, en anglais, *foot* veut dire « pied » et *ball* « ballon ».
Mais les humains frappent dans un ballon depuis très longtemps ! Dans l'Antiquité, les soldats romains jouent à l'*harpastum*. Ils frappent dans une vessie de porc, remplie de sable et d'air. Au Moyen Âge, la soule est un jeu de ballon qui se pratique en France. C'est un sport violent où tous les coups sont permis. Au XVIᵉ siècle, le calcio est joué en Italie. Il consiste à lancer une balle entre deux poteaux.
Aujourd'hui, le football est le sport le plus populaire du monde.

La grande aventure du ski

Au début du siècle dernier, la neige n'était pas toujours la bienvenue. Découvre comment le ski a transformé la vie en montagne et fait naître les sports d'hiver.

s'amuser

→ s'amuser

Les premières vacances à la mer

Dans l'Antiquité, les Grecs et les Romains apprenaient à nager.
Mais au XIXᵉ siècle, rares sont les Européens qui savent nager.
Se baigner dans la mer, quelle aventure !

s'amuser

s'amuser

Qui a inventé...

🦴 Préhistoire — Le premier instrument

Les hommes de la préhistoire avaient sans doute l'oreille musicale. Mais malheureusement, on a retrouvé peu d'instruments de musique lors des fouilles archéologiques. Le plus vieil instrument connu est une flûte retrouvée dans une grotte en Allemagne et qui a 35 000 ans. Elle a été fabriquée dans un os de vautour perforé de plusieurs trous pour laisser passer l'air et ainsi produire des sons.

🏰 Moyen Âge — Les notes de musique

Elles ont été inventées par Guido d'Arezzo, un moine italien du XIᵉ siècle. Il utilise un chant dont voici les paroles en latin : **Ut** queant laxis, **Re**sonare fibri, **Mi**ra gestorum, **Fa**muli tuorum, **Sol**ve polluti, **La**bii reatum, **S**ancte **J**oannes. « Pour que puissent, résonner les cordes, détendues de nos lèvres, les merveilles de tes actions, enlève le péché, de ton impur serviteur, ô saint Jean. » Chaque vers monte d'un ton. Guido retient la première syllabe des vers : Ut, Re (« ré » en latin), Mi, Fa, Sol, La. Le Si sera ajouté plus tard, et le Ut sera remplacé par Do, plus facile à prononcer.

🏛 Temps modernes — Le piano

Bartolomeo Cristofori est fabriquant d'instruments de musique. En 1709, il invente le *piano forte*, dans la ville de Florence (en Italie aujourd'hui). En italien, *piano* veut dire « doucement » et *forte* « fort ». Le piano forte est un instrument à cordes frappées : les touches du clavier sont reliées à de petits marteaux recouverts de feutre qui frappent les cordes. Cette technique permet au musicien de jouer aussi bien doucement que fort. Et aussi de répéter très vite la même note. Wolfgang Amadeus Mozart aimait beaucoup cet instrument pour cette raison.

Le piano forte évolue et devient le piano que l'on connaît aujourd'hui. Il possède le plus souvent 88 touches, 52 blanches et 36 noires.

🏭 XIXᵉ siècle — Le jazz

Il est inventé par les Africains déportés en Amérique pour y travailler comme esclaves. Quand l'esclavage y est aboli en 1865, les Noirs américains peuvent jouer avec les instruments de musique des Blancs, en particulier les instruments de fanfare (trompette, clarinette, trombone) et le piano. Le jazz est un mélange de musiques traditionnelles africaines, de chants religieux, de chansons populaires américaines, de chants de travail des esclaves noirs...

Les premiers grands musiciens de jazz connus sont le clarinettiste Sidney Bechet, le trompettiste Louis Armstrong, le pianiste Duke Ellington...

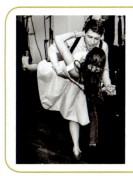

Et le rock ?

Le rock'n'roll est aussi une musique inventée par les Noirs américains mais dans les années 1950. Rock and roll, cela veut dire « balance et roule » en anglais. Un des premiers tubes de rock s'appelle *Rock Around the Clock*, enregistré en 1954 par Bill Haley.

→ s'amuser

Les Beatles, le groupe le plus célèbre du monde

Il était une fois quatre copains de Liverpool qui décidèrent de consacrer leur vie à la musique… En quelques années, ils sont connus de toute la planète. C'est la première fois qu'un groupe de musique remporte un tel succès !

s'amuser

s'amuser

Qui a inventé...

L'appareil photo
XIXᵉ siècle

L'ancêtre de l'appareil photo s'appelle « le daguerréotype ». Il est inventé par le Français Louis Daguerre, dans les années 1840. Cet appareil en bois posé sur un pied est utilisé en studio pour faire des portraits. Un objectif permet de faire la mise au point et de régler la distance. Un obturateur laisse entrer la lumière du soleil qui se projette à l'arrière de l'appareil où une plaque de cuivre argenté reçoit l'image photographique. Il faut ensuite développer l'image sur cette plaque avec des produits chimiques. La personne photographiée reste immobile 3 minutes devant l'appareil pour que la photo soit nette.

8 heures de pose !
La toute première photographie est prise en 1826 par le Français Nicéphore Niépce. Elle montre la cour de sa maison, en Bourgogne. Il a fallu 8 heures de pose pour prendre cette image.

Le cinéma
XIXᵉ siècle

Les frères Louis et Auguste Lumière sont les inventeurs du cinématographe. En 1895, ils fabriquent une machine qui peut enregistrer les images sur pellicule et les projeter. Leur tout premier film montre la sortie des ouvrières de l'usine Lumière, à Lyon (voir BD ci-contre).

Les premiers films sont sans paroles : c'est du cinéma muet. Des textes insérés dans le film expliquent les situations. Et un pianiste joue de la musique pendant la projection.

352 mots !
Le premier film parlant sort aux États-Unis en 1927 et il s'appelle *Le chanteur de jazz*.
La bande sonore comporte 352 mots. C'est peu mais cela représente une révolution pour le cinéma.

Le premier dessin animé
XXᵉ siècle

En 1906, *Humorous Phases of Funny Faces* (« Phases amusantes de figures rigolotes ») est le premier dessin animé sur pellicule. Il est réalisé aux États-Unis par James Stuart Blackton et dure 3 minutes. On y voit un couple dessiné à la craie sur un tableau noir.

En 1928, *Plane Crazy* (« L'avion fou ») est le premier dessin animé de Walt Disney. Pendant 6 minutes, on suit les aventures en noir et blanc de Mickey qui bricole un avion et tente de séduire Minnie en plein vol.

Les effets spéciaux
XIXᵉ siècle

Le magicien français Georges Méliès est considéré comme le père des effets spéciaux, c'est-à-dire des trucages au cinéma. Il réalise plusieurs films fantastiques avec des effets de trompe-l'œil et des surimpressions. Son film le plus connu est *Le voyage dans la Lune*, sorti en 1902.

Pendant tout le XXᵉ siècle, les trucages de cinéma sont créés avec des maquettes, des marionnettes et du maquillage. C'est le cas des *Star Wars*, sortis entre 1977 et 1983.

Depuis les années 1980, les effets spéciaux sont des mélanges d'images filmées et d'images numériques, comme les effrayants dinosaures de *Jurassic Park*.

Les frères Lumière, inventeurs du cinématographe

À la fin du XIXe siècle, les premiers spectateurs qui assistent à la projection d'un film et voient des images bouger sur l'écran croient rêver !

s'amuser

s'amuser

Et demain…

Tous les ans, il naît de nouveaux jeux de société. Mais les jeux connectés avec des hologrammes et en réalité augmentée, c'est aussi l'avenir…

1} Le jeu sans écran

L'hologramme en 3D, c'est une image projetée « en l'air » que l'on peut admirer sous tous les angles. Les jeux du futur diffuseront de telles images et permettront même d'interagir avec elles. Par exemple, tu pourras jongler avec des balles holographiques dans ta chambre.

2} Les jeux vidéo à réalité augmentée

La réalité augmentée, c'est le fait de superposer du virtuel sur le monde réel. Ces jeux existent déjà, mais ils vont se perfectionner et être accessibles à tous. Avec un casque sur la tête, tu verras un personnage se matérialiser dans ta maison et te confier une mission. Tu relèveras des indices autour de toi, entendras des bruits à interpréter, recevras des informations projetées sur le mur…

3} Faire du sport en réalité augmentée

Tu pourras pratiquer ton sport favori en recevant des informations utiles. Par exemple, si tu fais du ski équipé d'un casque de réalité augmentée, tu pourras afficher le parcours de la piste que tu veux descendre, enregistrer ton temps et tenter de battre ton record, filmer ou photographier ton trajet et l'envoyer à tes amis ou ta famille.

4} Tout sera musique !

Tu poses une ventouse sur un arbre, sur une table de ping-pong, sur un aquarium. Les vibrations émises par ces objets lorsque tu les touches sont transformées en notes de musique par une appli. Voilà comment demain, tout ce qui t'entoure deviendra instrument de musique !

Les robots, c'est eux les champions !

Depuis longtemps, les robots jouent au foot. La RoboCup est une compétition de foot robotique où s'affrontent plusieurs équipes. Leurs organisateurs estiment qu'une équipe de robots sera capable de battre l'équipe humaine championne du monde d'ici à 2050 !

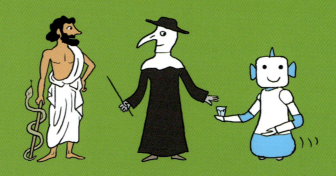

Se soigner

À cause des famines, des guerres incessantes et des épidémies, les hommes du Moyen Âge vivaient en moyenne pendant trente ou quarante ans. Aujourd'hui, ils atteignent en moyenne l'âge de 80 ans ! Cette longue espérance de vie est récente : elle n'a augmenté qu'à partir du XIXe siècle – il y a deux cents ans –, avec les progrès de l'hygiène, la chirurgie moderne et l'invention des médicaments, des antibiotiques et de la vaccination !

se soigner

Qui a inventé…

Les lunettes
Moyen Âge

Au Xe siècle, les savants arabes découvrent l'effet grossissant du cristal de roche taillé. Ils s'en servent pour fabriquer des « pierres de lecture » : les premières loupes. Ce ne sont pas de vraies lunettes ! Mais posées sur des parchemins, ces demi-sphères permettent de grossir les lettres pour lire plus facilement.

Plus tard, au XIVe siècle, les Italiens inventent les premiers verres correcteurs pour voir de près ou de loin. Mais il faudra encore attendre quatre siècles avant qu'on ait l'idée d'ajouter des montures pour en faire des lunettes modernes !

Les antibiotiques
XXe siècle

En 1928, le médecin britannique Alexander Fleming cultive dans son laboratoire des staphylocoques (bactéries). Il part en vacances en les laissant à l'air libre. À son retour, surprise ! Il constate qu'un champignon, le *Penicillium notatum*, les a en partie détruits. Il comprend alors que le champignon produit une substance efficace contre les bactéries : il la baptise « pénicilline ». Ainsi est née l'idée des antibiotiques, des médicaments qui combattent les bactéries.

> **Quand le hasard s'en mêle**
>
> De nombreuses inventions sont dues au hasard. C'est le cas de la pénicilline, mais aussi du four à micro-ondes (voir p. 49). On appelle cela la « sérendipité ».

Les médicaments
XIXe siècle

Dans l'Antiquité, on se soignait avec des remèdes : par exemple, des plantes. On pouvait aussi faire appel à un sorcier ou à un prêtre. Les médicaments modernes, eux, sont apparus beaucoup plus tard, au XIXe siècle. Grâce aux progrès de la chimie, des chercheurs ont découvert de nouvelles substances (les molécules) et leurs effets sur le corps. C'est à partir de ces molécules et grâce à l'apparition des premiers laboratoires qu'ils ont peu à peu mis au point toutes sortes de médicaments, pour (presque) chaque maladie.

Le savon
Antiquité

Pour prévenir les maladies, rien de mieux que la toilette ! La plus vieille recette de savon remonte à 2 500 ans av. J. C. Ce sont les Sumériens, un peuple de Mésopotamie (actuels Irak et Syrie), qui l'ont inventée. Les savons ne sentaient alors pas très bon car ils étaient fabriqués avec de la graisse animale, de l'huile et des cendres… Heureusement, au Moyen Âge, les Anglais ont commencé à fabriquer les premiers savons parfumés.

> **La brosse à dents**
>
> Les premières brosses à dents sont nées en Chine au XVe siècle. Il s'agissait d'un simple manche taillé dans un os et muni de poils de sanglier. Aujourd'hui, les brosses modernes sont en poils de Nylon, une matière inventée en 1938 par le chimiste américain Wallace Carothers, et en polyester.

Ibn Sina, le médecin des yeux

Les médecins arabes du Moyen Âge étaient en avance sur les Européens. Ils savaient par exemple opérer les yeux. Ibn Sina* vivait dans l'Empire musulman, au Xe siècle.

* Ibn Sina est aussi appelé Avicenne.

se soigner

se soigner

* Conseiller.
** Le priver de nourriture.

se soigner

Ambroise Paré, le père de la chirurgie moderne

Au XVIe siècle, le Français Ambroise Paré a fait progresser la chirurgie grâce à son expérience des champs de bataille. Il est aussi l'inventeur de nombreux instruments chirurgicaux.

* Région située à l'ouest de Paris.

se soigner

se soigner

*Une pièce d'artillerie, l'ancêtre du canon.

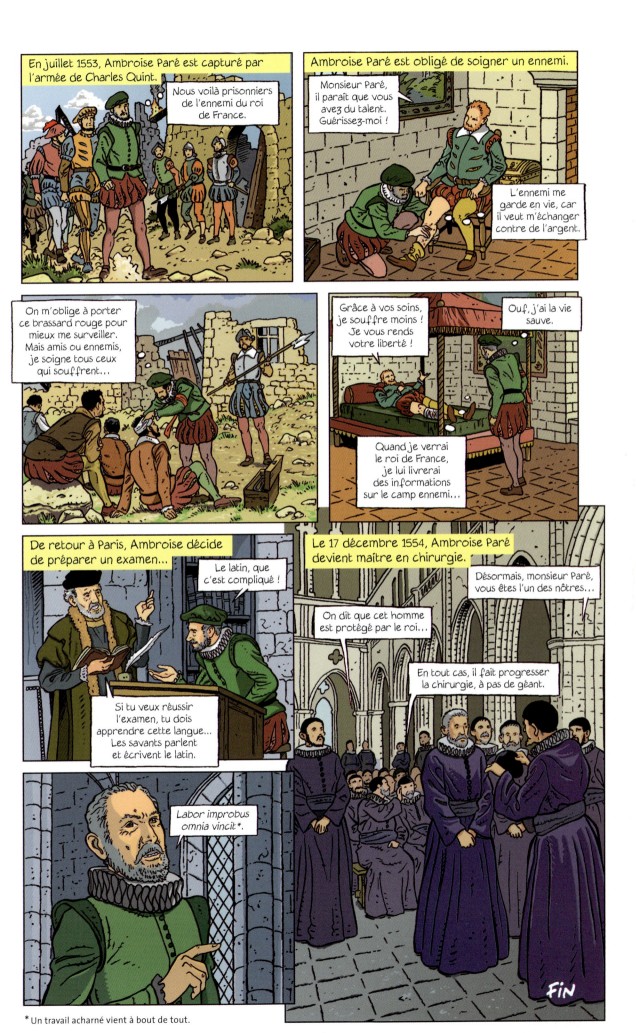

se soigner

Edward Jenner et Pasteur inventent la vaccination

En 1796, l'Anglais Edward Jenner découvre le principe de la vaccination grâce à ses observations sur la variole. Quatre-vingts ans plus tard, Pasteur met au point les premiers vaccins artificiels.

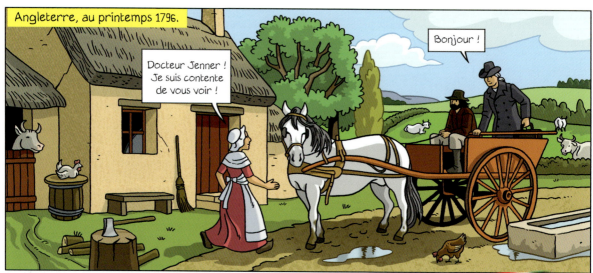

* La variole était une maladie souvent mortelle, très courante aux XVIIIe et XIXe siècles.

* Inoculer : Introduire un microbe dans le corps.

se soigner

* Rendus moins contagieux par les chercheurs.

Qui a inventé...

🏭 L'anesthésie
XIXᵉ siècle

De l'Antiquité au XIXᵉ siècle, les médecins n'ont eu aucun moyen d'endormir complètement un malade avant une opération chirurgicale ! Pour limiter la souffrance de leurs patients, ils utilisaient des plantes comme le cannabis ou le pavot, et l'alcool ou l'éther, un produit chimique utilisé pour la première fois au XVIᵉ siècle. Ce n'est qu'à partir de 1845 que des chirurgiens américains découvrent des produits anesthésiants comme le gaz hilarant, appelé ainsi parce qu'il fait rire tout en endormant ! Aujourd'hui, les anesthésistes utilisent un mélange de plusieurs médicaments, qu'ils administrent par une piqûre.

> **Les premiers instruments chirurgicaux**
> Les Égyptiens, les Grecs, les Romains et les habitants de l'Inde utilisaient déjà plus d'une centaine d'instruments chirurgicaux : des scalpels, des scies, des spéculums (instruments qui permettent d'examiner l'intérieur du corps)… En Europe, la forme des instruments chirurgicaux a évolué à partir du XVIᵉ siècle pour soigner toutes sortes de blessures nouvelles : les blessures par balles, par exemple.

🏛️ La seringue
Antiquité

Le mot « seringue » vient d'un mot grec qui signifie « roseau ». Les médecins grecs fabriquaient avec des roseaux des tubes reliés à une poche en cuir. Ils s'en servaient pour introduire du liquide dans le corps. Selon la légende, c'est Pline l'Ancien, un philosophe, qui en aurait eu l'idée en observant un ibis : cet oiseau se sert de son long bec fin pour se laver avec de l'eau de mer et faciliter ainsi l'évacuation de ses excréments ! La seringue moderne, qui est équipée d'une aiguille creuse et d'un piston, est née au XIXᵉ siècle grâce à des chirurgiens français et écossais.

🏭 La radiographie
XIXᵉ siècle

Avant la découverte des rayons X, les médecins ne pouvaient voir à l'intérieur du corps sans le découper ! Tout change en 1895, lorsque le physicien allemand Wilhelm Röntgen s'aperçoit que des rayons inconnus peuvent traverser la matière et « photographier » l'intérieur du corps. Il les baptise « rayons X ». Aujourd'hui, la radiographie est utilisée pour détecter des maladies ou diagnostiquer des fractures.

L'imagerie médicale
On appelle ainsi tous les moyens qui permettent aux médecins d'obtenir des images de l'intérieur du corps. La radiographie en fait partie, mais il existe aujourd'hui d'autres techniques qui donnent des images très précises des organes et du squelette. Par exemple, le scanner, qui « photographie » en trois dimensions.

📡 La radioactivité
XXᵉ siècle

Après la découverte des rayons X par Wilhelm Röntgen et les travaux du physicien Henri Becquerel, Pierre et Marie Curie découvrent de nouvelles substances émettant des rayons spontanément, sans l'aide d'une source d'énergie extérieure : le polonium et le radium. Ils baptisent ce phénomène la radioactivité. Le radium a été utilisé dès les années 1910 pour traiter certains cancers. Cette thérapie a été baptisée « curiethérapie », en hommage à Marie Curie. Elle est toujours utilisée aujourd'hui. Les autres applications de la radioactivité – la bombe atomique, l'énergie nucléaire, la datation des vestiges archéologiques – ont été développées plus tard par d'autres chercheurs.

→ se soigner

Marie Curie découvre la radioactivité

En 1891, une jeune Polonaise arrive à Paris pour étudier les sciences physiques. Avec Pierre Curie, qui deviendra son mari, et un autre grand scientifique, Henri Becquerel, elle découvre la radioactivité.

se soigner

se soigner

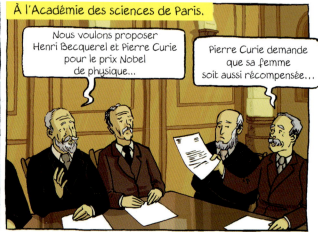

se soigner

Et demain…

1} On se soignera avec des robots !

Les robots sont déjà présents à l'hôpital. Ils participent à des opérations chirurgicales ou aident à prendre soin des malades. Au Japon, par exemple, des robots apportent les médicaments ou portent les personnes invalides. À l'avenir, les médecins implanteront aussi dans le corps de leurs patients des robots microscopiques appelés « nanorobots ». Ces machines ultrasophistiquées seront capables, par exemple, de circuler dans le sang pour y diffuser des médicaments. Elles pourront transporter l'oxygène à la place des globules rouges ou tuer des cellules cancéreuses.

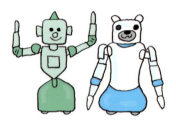

2} … avec des organes et des membres artificiels

L'homme bionique, c'est pour aujourd'hui ! En 2017, il est déjà possible de greffer sur des personnes accidentées des doigts et des mains artificielles qui fonctionnent (presque) normalement. Dans le futur, les chercheurs parviendront à faire de même avec d'autres organes comme le cœur, la rétine (qui permet de voir) ou le pancréas (qui contrôle le taux de sucre dans le sang).

3} … avec des traitements sur mesure

Aujourd'hui, certaines formes de cancer, une maladie qui attaque les cellules du corps, ne se soignent pas. Cette situation devrait changer grâce aux progrès de la génétique. Par exemple, les médecins pourront proposer à leurs patients des traitements personnalisés, mis au point en fonction de leur profil génétique. Grâce à des tests de dépistage, il deviendra aussi plus facile de détecter les personnes plus exposées au cancer que la moyenne de la population.

4} … sans douleur

Bientôt, il sera possible de se faire vacciner sans piqûre ! Plusieurs chercheurs dans le monde sont en train d'étudier d'autres moyens. Au lieu d'utiliser une seringue, le médecin administrerait le vaccin dans le nez, avec un spray, ou directement sur la peau, grâce à un patch qu'il suffirait de coller. Un jour, on pourra peut-être même… boire son vaccin !

Souffle, je te dirai si tu es malade

Des chercheurs viennent d'inventer un test capable de dépister d'un seul coup dix-sept maladies ! Il suffit au patient de souffler dans une sorte de boîte. À l'intérieur, des capteurs analysent l'haleine. Selon le résultat, le médecin pourra dire si la personne est en bonne santé ou malade. Pratique, non ? À l'avenir, d'autres tests de ce genre pourront détecter encore plus de maladies.

Fini, les vilaines cicatrices !

Après une opération importante, il reste des marques sur la peau. Pour éviter ce désagrément, des chercheurs français ont mis au point une sorte de « colle » capable de refermer les plaies profondes en quelques secondes ! Cette technique devrait permettre d'éviter de recoudre la peau avec des points de suture, qui laissent des cicatrices.

Voyager, se repérer

« Plus vite, plus haut, plus fort. » La devise olympique peut s'appliquer à l'extraordinaire génie des humains dans la création et le perfectionnement de leurs moyens de transport, sur notre Terre ou vers d'autres planètes… Et pourtant il en a fallu du courage pour prendre la mer et naviguer vers l'horizon quand on croyait que la Terre était plate ! Il en a fallu de l'ingéniosité pour additionner un cadre, deux roues, des pédales, une chaîne et des freins et obtenir une bicyclette ! Il en a fallu de l'audace pour effectuer le tour de la Terre dans un vaisseau spatial qui ressemblait à une boîte de conserve !

voyager, se repérer

Qui a inventé...

La machine à vapeur
Temps modernes

En 1679, le Français Denis Papin conçoit une sorte de Cocotte-Minute qui montre que la condensation de la vapeur produit une force importante. Le mécanicien anglais, Thomas Newcomen, construit une machine à vapeur en 1712 qui pompe l'eau dans une mine de charbon. L'Écossais James Watt la perfectionne en 1769 : une chaudière contenant de l'eau est chauffée au charbon. La vapeur actionne des pistons et active une machine.

C'est une révolution pour l'industrie et les transports, car l'énergie de la vapeur décuple les forces.

> **« Chevaux-vapeur »**
> En 1785, James Watt fait fonctionner toute une usine avec un énorme moteur à vapeur. L'énergie est mesurée en chevaux-vapeur, correspondant au nombre de chevaux que remplace ce moteur.

La locomotive
XIXᵉ siècle

Pour qu'un train avance, il faut une locomotive. C'est l'Anglais Richard Trevithick qui invente la locomotive à vapeur. Le 21 février 1804, le premier train transporte 10 tonnes de fer et 60 personnes. Il effectue 16 km en quatre heures ! Le train va se développer dans le sud de l'Angleterre parce qu'il y a beaucoup de minerai à transporter dans cette région.

> ***La Fusée* fonce à 40 km/h**
> *La Fusée* (*The Rocket* en anglais) est la locomotive à vapeur créée par George Stephenson, l'inventeur du chemin de fer moderne. Elle tracte les premiers trains de voyageurs entre Manchester et Liverpool, en Angleterre.

Le métro
XIXᵉ siècle

Le premier est celui de Londres, inauguré le 10 janvier 1863. La capitale du Royaume-Uni est alors la ville la plus peuplée du monde avec 2,8 millions d'habitants. La circulation y est difficile, encombrée par les voitures à chevaux. Le premier tronçon fait 6,5 km et le métro est tiré par une locomotive à vapeur. Le succès du métro est énorme et de nouvelles lignes sont rapidement créées.

D'autres villes copient le métro londonien : Athènes en 1869, Istanbul en 1875, Budapest en 1896. Paris inaugure sa première ligne de métro en juillet 1900 pour l'Exposition universelle. La ligne 1 traverse Paris d'ouest en est, de la porte Maillot à la porte de Vincennes.

Le train à grande vitesse
XXᵉ siècle

Il naît au Japon en 1964. La première ligne à grande vitesse relie Tokyo à Osaka et est inaugurée à l'occasion des jeux Olympiques de Tokyo. Le Shinkansen bat alors un record de vitesse de 240 km/h. Aujourd'hui, il atteint 320 km/h. La France inaugure son TGV en 1981, avec une ligne entre Paris et Lyon. Et le 14 novembre 1994, le premier Eurostar relie Paris à Londres en trois heures en empruntant le tunnel sous la Manche.

> **603 km/h**
> C'est le record actuel de vitesse sur rail, détenu par le Maglev. Ce train japonais à sustentation électromagnétique devrait entrer en service en 2027.

Au temps des trains à vapeur

Aux débuts des chemins de fer, prendre le train était toute une aventure. C'est parti pour un voyage entre Paris et Calais !

voyager, se repérer

voyager, se repérer

Qui a inventé…

Le deux-roues

En 1818, un baron allemand, Karl Friedrich Drais conçoit le premier deux-roues, appelé draisienne. C'est une « machine à courir » propulsée par les pieds du pilote, constituée d'un guidon, d'une poutre en bois qui relie deux roues et d'une selle rembourrée. Sa première performance chronométrée est de 12,5 km/h. Des démonstrations ont lieu dans plusieurs pays d'Europe, notamment en France, dans le jardin du Luxembourg, à Paris.

Mais la draisienne est jugée inconfortable car elle demande beaucoup d'efforts pour avancer et tourner, et elle est peu sûre dans les descentes, faute de frein.

Toutefois, elle est redevenue à la mode récemment, comme vélo d'apprentissage pour les petits.

La pédale

Cette invention est née en 1861, grâce au serrurier français Pierre Michaux qui ajoute sur la roue avant d'une draisienne des repose-pieds, à savoir un « axe coudé dans le moyeu de la roue qui le fera tourner comme une meule ». Le vélocipède est né. Pour aller plus vite, on augmente le diamètre de la roue motrice : c'est l'invention du grand bi dont la roue avant peut atteindre 3 m de diamètre ! Il va vite, mais est très instable !

> **La petite reine**
> En 1880, la bicyclette remplace le vélocipède. Une chaîne entraîne la roue arrière et les roues sont équipées de pneumatiques. La bicyclette est tellement à la mode qu'elle est surnommée « la petite reine ».

La course cycliste

Le 31 mai 1868, la première course de vélocipèdes a lieu dans le parc de Saint-Cloud, à Paris (voir BD p. 135). Le mot vélocipède vient d'ailleurs du latin *velox* qui veut dire « rapide » et de *pedes* qui signifie « pied ». Le vainqueur est un médecin anglais, James Moore. Il gagne aussi la première course sur route du monde, entre Paris et Rouen : 123 km en dix heures et vingt-cinq minutes sur un vélocipède qui pèse 30 kilos ! Ce champion domine la discipline pendant plusieurs années.

La moto

La plus ancienne motocyclette du monde est celle du Français Louis-Guillaume Perreaux qui dépose le premier brevet d'un « vélocipède à grande vitesse », en 1868. Il est équipé d'un moteur à vapeur qui entraîne la roue arrière. Mais ce prototype n'a pas beaucoup roulé.

En 1885, l'Allemand Daimler pose un moteur à pétrole sur un vélocipède en bois équipé de petites roues stabilisatrices : le modèle a donc 4 roues. Les premières motocyclettes ne sont pas confortables car il n'y a pas de suspension.

> **Les deux-roues s'en vont en guerre !**
> Dès la fin du XIXe siècle, les armées européennes créent des compagnies de soldats équipés de bicyclettes ou de motocyclettes. Un modèle pliant est mis au point pour franchir des terrains accidentés.

Les premiers coups de pédale

Rapide, pratique et peu cher, le vélocipède est un fantastique moyen de transport qui a conquis la terre entière.

voyager, se repérer

voyager, se repérer

voyager, se repérer

Qui a gagné le premier Tour de France ?

Le 1er juillet 1903, 60 coureurs s'élancent pour une épreuve cycliste qui n'a jamais été aussi longue et aussi difficile. Qui sera le vainqueur ?

voyager, se repérer

* Bon Dieu !

voyager, se repérer

Qui a inventé…

La voiture
Temps modernes

En 1769, l'ingénieur français Joseph Cugnot, est le premier homme à rouler en véhicule automobile. Cet engin, appelé « fardier à vapeur », est un chariot à trois roues avec une chaudière placée à l'avant. Il ne dépasse pas les 4 km/h !
Un siècle plus tard, en 1873, Amédée Bollée (voir BD p. 145) met au point l'*Obéissante*, une autre voiture à vapeur. Elle peut accueillir 12 personnes et atteindre 40 km/h. Sa vitesse et sa maniabilité sont satisfaisantes et ce véhicule est considéré comme l'ancêtre de l'automobile.

Le moteur à explosion
XIXᵉ siècle

C'est avec ce moteur que naît l'automobile moderne. Il est à combustion interne et plus efficace que la machine à vapeur. En effet, la combustion ne se fait plus dans une chaudière, à l'extérieur du moteur, mais à l'intérieur, ce qui évite les déperditions de chaleur et améliore le rendement.
En 1860, le Belge Étienne Lenoir invente le premier moteur à explosion qui fonctionne au gaz d'éclairage. En 1886, l'Allemand Carl Benz équipe un tricycle d'un moteur à explosion fonctionnant au pétrole. Ce tricycle, qui dispose d'une boîte de vitesses, atteint 15 km/h et est considéré comme la première automobile.

C'est gonflé !
En 1888, l'Écossais John Boyd Dunlop imagine une membrane de caoutchouc remplie d'air comprimé : le pneu à valve. C'est un progrès décisif dans l'histoire du transport sur route !

Le Code de la route
XIXᵉ siècle

En France, la circulation des véhicules à vapeur et à moteur est réglementée par un décret de mars 1899. La mise en service du véhicule exige une autorisation délivrée par le service des Mines, et le conducteur doit avoir un « certificat de capacité », accordé après un examen. La vitesse est limitée à 20 km/h en ville, et 30 en campagne.
En 1904, Jules Perrigot, vice-président de la Fédération des automobiles-clubs, publie le premier Code de la route qui propose, entre autres, la priorité à droite.

18 ans
En 1922, le « certificat de capacité » devient le permis de conduire. Il fixe les limites d'âge des conducteurs : 18 ans pour l'automobile et 16 ans pour la motocyclette.

Le klaxon
XXᵉ siècle

Les premières voitures font peur et il faut trouver un signal sonore qui avertisse de leur approche. En 1908, l'ingénieur américain F. W. Lovell imagine une plaque métallique, vibrant sous l'impulsion d'un courant électrique, et reliée à une corne qui amplifie le bruit. S'inspirant du grec *klazo* qui veut dire « hurler », il le nomme klaxon. Puis il crée l'entreprise Klaxon Signals Ltd. La marque devient si connue qu'elle est devenue le nom commun désignant un avertisseur sonore.

Les débuts de l'automobile

Au XIXe siècle, Amédée Bollée, fils d'un fondeur de cloches, invente une voiture à vapeur, ancêtre de l'automobile. Voici son histoire et celle de son fils.

voyager, se repérer

voyager, se repérer

Qui a inventé…

La montgolfière
Temps modernes

C'est grâce à la montgolfière que les humains voyagent dans le ciel pour la première fois. Cet évènement a lieu le 21 novembre 1783, au château de la Muette, près de Paris. En présence du roi Louis XVI, les frères de Montgolfier, Joseph et Étienne, s'envolent à bord d'un ballon équipé d'une nacelle. Pour y parvenir, ils ont chauffé l'air contenu dans le ballon à l'aide d'un feu. En vingt-cinq minutes, ils parcourent 16 km. Auparavant, les deux frères avaient testé leur montgolfière en faisant monter à bord un coq, un canard et un mouton !

L'hélicoptère
XXe siècle

Le premier vol d'un engin ressemblant à un hélicoptère a lieu en 1907 en France. Il se termine mal : l'hélicoptère s'écrase ! Ce sont les Allemands qui, en 1936, réussissent le test. Mais c'est aux Anglais que l'on doit les premiers engins capables d'embarquer plusieurs passagers, en 1939, juste avant la Seconde Guerre mondiale. L'hélicoptère a donné du fil à retordre à ses inventeurs : ils ne parvenaient pas à trouver la solution pour le maintenir stable en vol !

Le parachute
Temps modernes

La même année que le premier vol en montgolfière, un savant français, Louis-Sébastien Lenormand, se jette d'une tour à Montpellier pour tester son invention. Son parachute, tendu sur une sorte de cadre en bois, mesure 4 mètres de diamètre. Heureusement, l'intrépide inventeur arrive au sol sain et sauf ! Le premier saut en parachute depuis un avion a eu lieu le 1er mars 1912.

Une vieille idée
Au 1er siècle av. J. C., une légende chinoise rapporte que des condamnés se sont échappés en sautant d'une tour : leur chute a été ralentie par leurs grands chapeaux coniques !

L'avion
XIXe siècle

À la fin du XIXe siècle, les hommes comprennent que la vitesse peut permettre de faire voler des engins plus lourds que l'air. Pour y parvenir, ils ajoutent un moteur aux planeurs : l'idée de l'avion est née ! En 1905, après plusieurs essais, deux Américains, les frères Wright, réalisent le premier vol motorisé officiel de l'histoire à bord du Flyer : ils parcourent 38 km en quarante minutes.

Un avion « chauve-souris »
En 1890, le Français Clément Ader est le premier à ajouter un moteur à un engin volant. Baptisé *Éole*, son avion ressemble à une chauve-souris. *Éole* n'a « volé » que sur une cinquantaine de mètres, à 20 cm du sol…

voyager, se repérer

À la conquête du ciel

Du 11 au 15 octobre 1928, le LZ 127 Graf Zeppelin réussit la traversée de l'Atlantique avec des voyageurs à son bord. C'est une première ! Le grand public découvre les dirigeables, les premiers aéronefs dotés d'un moteur et d'une hélice…

*Désolée.

voyager, se repérer

voyager, se repérer

Qui a inventé…

🦴 Préhistoire La pirogue

La pirogue est le premier bateau de l'histoire. Il s'agit d'un simple tronc d'arbre creusé dont les premiers modèles sont apparus pendant la préhistoire (7 500 av. J.C.). Les humains n'ont pas encore inventé les outils en métal mais ils utilisent le feu pour creuser le bois. Ils enlèvent le bois carbonisé avec une herminette, une sorte de hachette en pierre. C'est grâce à la pirogue que les hommes préhistoriques colonisent l'ensemble de la terre.

📺 XXᵉ siècle Le paquebot

Si ces énormes bateaux de transport de passagers voient le jour au début du XXᵉ siècle, c'est grâce à la machine à vapeur (voir p.128). Les premiers paquebots sont mis en service juste avant la Première Guerre mondiale et connaissent tout de suite le succès. Sauf le *Titanic*, qui fait naufrage lors de son premier voyage, en 1912. C'est la plus grande catastrophe maritime de l'histoire : 1 500 morts. Aujourd'hui, le *Harmony of the Seas*, le plus grand paquebot du monde, peut embarquer 6 000 passagers et 2 100 membres d'équipage !

🏛 Antiquité La voile

Vers 3 500 av. J.C., les Égyptiens puis les Phéniciens, un peuple de commerçants navigateurs originaires du Moyen-Orient, ont l'idée d'ajouter un mât et du tissu à leurs bateaux pour profiter de la force du vent. La voile est née ! Au début, les voiles sont carrées et non orientables. Puis les navigateurs comprennent qu'elles seront plus efficaces si on peut les bouger en fonction du vent. À la fin du Moyen Âge, les Européens savent construire des navires entièrement gréés : c'est-à-dire équipés de cordages qui permettent de manipuler plusieurs voiles, accrochées à plusieurs mâts.

> **Le gouvernail**
> Il est inventé vers 1 500 av. J. C. par les Égyptiens. Pour manœuvrer plus facilement leurs bateaux, ils fixent deux avirons à la proue, en position verticale.

🏭 XIXᵉ siècle Le sous-marin

C'est l'Américain Robert Fulton qui construit en 1800 le premier vrai sous-marin, pour aider les Français en guerre contre les Britanniques. Le *Nautilus*, en bois et en cuivre, possède un mât et une voile qui s'abaissent quand il s'immerge. Grâce à une réserve d'air comprimé, il peut embarquer trois personnes et rester trois heures sous l'eau. Il avance grâce à une hélice à manivelle et est éclairé à l'intérieur par des bougies. Le *Nautilus* n'ayant pas réussi à couler des navires britanniques, les recherches pour mettre au point un sous-marin sont abandonnées en France pendant plusieurs années.

Les paquebots, les géants des mers

Inauguré en 1932 à Saint-Nazaire en France, le *Normandie* est à l'époque le plus grand paquebot du monde. Et aussi le plus rapide ! Bienvenue à bord, en compagnie de la famille Palmer.

voyager, se repérer

voyager, se repérer

Qui a inventé...

La boussole
Moyen Âge

Au IVe siècle, les Chinois remarquent que des fragments de magnétite (roche contenant du fer) posés sur l'eau indiquent toujours la même direction. Plus tard, on découvre qu'une aiguille de fer frottée contre de la magnétite devient un aimant naturel et s'aligne sur l'axe nord-sud. À partir de ce constat, les Chinois inventent les premières boussoles vers le Xe siècle. Les Européens commencent à les utiliser plus tard, à partir du XIIe siècle.

Les cartes marines
Moyen Âge

Les premières cartes marines n'apparaissent qu'au XIIIe siècle, après l'invention de la boussole. Ce sont alors des documents rares et précieux ! On y trouve des informations sur les ports – d'où le nom de « portulans » qu'on leur donne – et des conseils de navigation. Certaines sont dessinées sur papier, d'autres sur des parchemins (voir p. 56), plus résistants. On les conserve roulées autour d'un bâton de bois.

Le radar
XXe siècle

Cet instrument naît dans les années 1930, dans le cerveau du physicien écossais Robert Watson-Watt. À cette époque, une rumeur prétend que les savants d'Hitler ont mis au point un « rayon de la mort » capable de détruire des avions en vol grâce aux ondes radio ! Cette rumeur est fausse, mais les recherches de Robert Watson-Watt lui font découvrir que les ondes radio, grâce à leur vitesse très élevée, peuvent détecter les avions ennemis jusqu'à 65 km de distance. L'idée du radar est née. Son principe est simple : le radar calcule le temps mis par les ondes radio pour atteindre un objet, rebondir dessus et revenir à son point d'origine.

Le GPS
XXe siècle

Ces initiales signifient : *Global Positionning System* (système mondial de localisation, en français). Le GPS, inventé par les militaires américains dans les années 1960, est entré en service en 1995. Il fonctionne grâce aux signaux envoyés par des dizaines de satellites disposés en orbite autour de la Terre. Avec un récepteur GPS, on peut situer très précisément l'endroit où l'on se trouve.

Le satellite artificiel

Le premier s'appelle *Spoutnik*, ce qui signifie « compagnon de voyage » en russe. Il est lancé par les Soviétiques le 4 octobre 1957 pour prouver qu'il est possible d'envoyer un engin dans l'espace au moyen d'une fusée.

voyager, se repérer

Galilée invente la lunette astronomique

Au début du XVIIe siècle, vit à Venise un physicien de génie. Grâce à ses observations astronomiques, il démontre que la Terre tourne autour du Soleil.

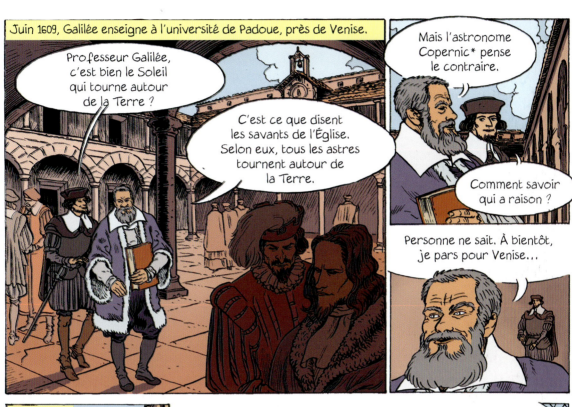

* Astronome polonais du XVIe siècle.

voyager, se repérer

voyager, se repérer

Qui a inventé…

La fusée spatiale

La fusée a plusieurs papas : d'abord, l'instituteur russe Konstantin Tsiolkovski. En 1893, ce professeur imagine le fonctionnement de la fusée spatiale : son mode de propulsion, son carburant et le fait qu'elle doit compter plusieurs étages. Ensuite, l'Américain Robert Goddard. En 1926, il lance une fusée qui s'élève jusqu'à 12 mètres de hauteur, à la vitesse de 96 km/h ! Cette expérience marque vraiment le début de l'histoire des fusées spatiales.

La navette spatiale

Il ne faut pas confondre fusée et navette. La première, une fois lancée, n'est pas réutilisable. La seconde, propulsée par un lanceur, est en grande partie réutilisable : elle est capable de revenir seule sur la Terre et d'atterrir comme un avion. Toutes les navettes spatiales ont été construites par les Américains. La première, *Columbia*, a volé dans l'espace pour la première fois en 1981. Quatre autres la suivront (*Challenger, Discovery, Atlantis* et *Endeavour*), jusqu'à l'arrêt de la construction de navettes en juillet 2011 en raison de plusieurs accidents.

Bientôt, une navette européenne ?
En 2015, l'Agence spatiale européenne a lancé avec succès une navette spatiale sans pilote, baptisée « IXV » (Véhicule expérimental intermédiaire en français). À l'avenir, cet engin pourrait transporter de gros équipements destinés à la Station spatiale internationale, ou même des astronautes.

La combinaison spatiale

Le Soviétique Iouri Gagarine est le premier homme à porter une combinaison spatiale. C'est le 12 avril 1961, quand il effectue le tour de la Terre à bord du vaisseau *Vostok 1*. Cet équipement très technique a été mis au point par l'Académie des sciences de Russie. Grâce à sa combinaison, Gagarine peut par exemple se brancher sur une prise à oxygène et une prise d'électricité. Sa combinaison lui évite aussi de s'évanouir !

La station spatiale habitée

En 1971, les Soviétiques mettent sur orbite *Saliout 1*, qui veut dire « salut », en russe. *Saliout* est constituée d'un seul module et accueille trois cosmonautes. Mais après vingt-trois jours dans la station, les astronautes sont morts dans le vaisseau *Soyouz* qui les ramenait vers la Terre en raison d'une fuite d'air.

L'ISS
La Station spatiale internationale (ISS) est la plus grande structure jamais assemblée dans l'espace ! Sa construction a débuté en 1998. L'ISS accueille en permanence trois astronautes qui y mènent des expériences. Elle tourne autour de la Terre à une hauteur de 325 km au-dessus de nos têtes, à 28 000 km/h.

Objectif Lune

En 1961, les Américains lancent le programme Apollo.
Leur but : envoyer des hommes sur la Lune, à 400 000 km
de la Terre… En 1969, ils réussissent leur pari.
La conquête spatiale vient de faire un bond de géant !

voyager, se repérer

1961. Le Russe Iouri Gagarine devient le premier homme à aller dans l'espace.

Le président américain John Kennedy réunit les responsables de la NASA*.

— Il faut rattraper les Russes... et les dépasser !
— Il faudrait aller sur la Lune...
— Travaillez sur ce projet et revenez me voir.

Un mois plus tard.

— Notre nation s'engage à faire atterrir un homme sur la Lune et le faire revenir sain et sauf sur Terre avant la fin de cette décennie.
— J'irais bien sur la Lune.
— En attendant, mange !

Pour être astronaute, il faut être un homme de moins de 1,80 m et de moins de 70 kg. Il faut aussi être pilote d'avion et avoir 39 ans au maximum.

Les astronautes s'entraînent sur le sol accidenté d'un désert...

— Cette combinaison est une vraie Cocotte-Minute.

En piscine, ils apprennent à "marcher comme sur la Lune".

— C'est cool de flotter...

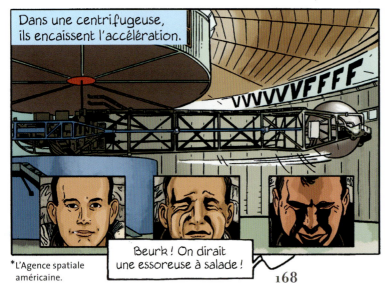

Dans une centrifugeuse, ils encaissent l'accélération.

VVVVVFFFF

— Beurk ! On dirait une essoreuse à salade !

Ils apprennent à alunir...

— J'ai l'impression de piloter une araignée !

*L'Agence spatiale américaine.

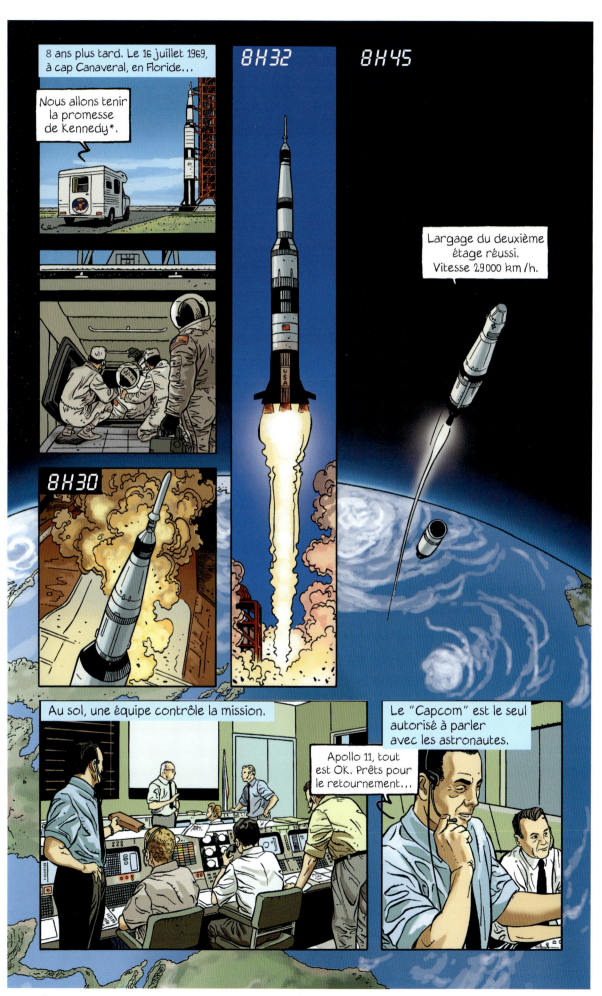

voyager, se repérer

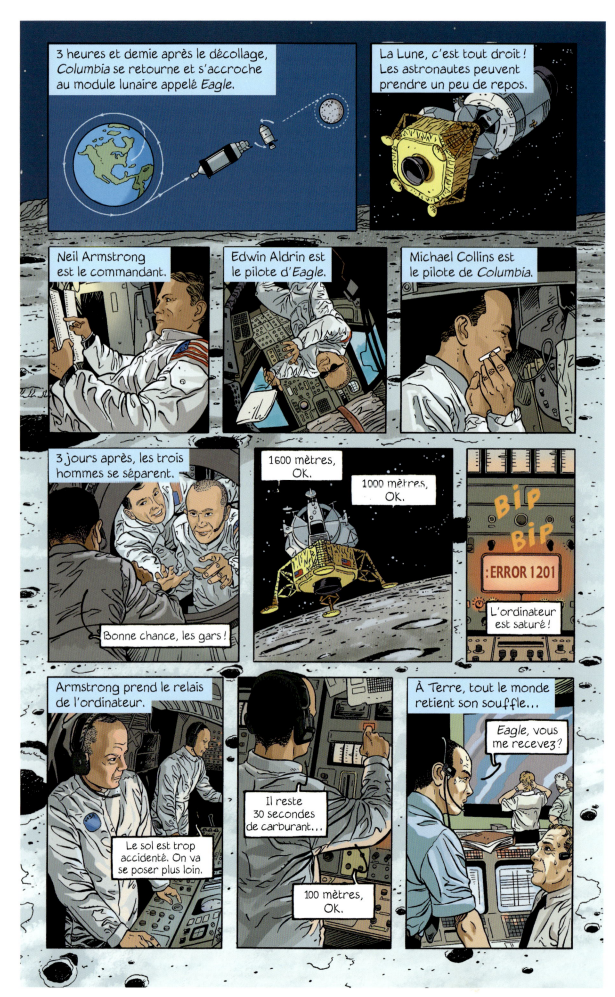

voyager, se repérer

Et demain…

Les transports du futur devront être moins gourmands en pétrole et moins polluants pour préserver l'environnement et limiter le réchauffement climatique.

1 } Le train du futur

Il sera à sustentation magnétique comme le Maglev (voir p. 128) et sera propulsé dans des tubes sous vide à plus de 1 200 km/h. Des aimants maintiendront le train au-dessus des rails. Et les cabines seront pressurisées. Il faudra juste convaincre les passagers de voyager dans des tuyaux…

2 } Le vélo intelligent

Le vélo électrique se développera de plus en plus. Et le vélo intelligent signalera les dangers sur la route. Avec un radar sous son guidon et une caméra à l'arrière, il alertera le cycliste par une vibration de la selle ou des poignées. Quant au casque vélo, il sera peut-être remplacé par un airbag : une capuche gonflée qui se déploie sur la tête et le cou en cas de chute ou collision.

3 } La voiture sans conducteur

Le moteur électrique ou hybride va remplacer le moteur à explosion. La voiture sera de plus en plus autonome. Aujourd'hui, le régulateur de vitesse permet déjà d'enlever ses pieds des pédales. Des systèmes d'aide permettent de lâcher le volant pour une manœuvre de stationnement. La prochaine étape permettra au véhicule de naviguer seul grâce à des caméras et des capteurs.
La voiture volante que l'on voit dans les films de science-fiction, c'est plutôt pour le XXIIe siècle : il faudra que tous les conducteurs obtiennent le difficile permis de pilote. Et pour le moment, elle coûterait trop cher.

Rendez-vous sur Mars

Les voyages dans l'espace continuent. Les agences spatiales américaine, européenne, chinoise et russe envisagent toutes un retour sur la Lune entre 2020 et 2030. Des robots puis des hommes continueraient à explorer ce satellite de la Terre pour préparer d'autres missions. Ils rechercheraient des matières premières qui serviraient de ravitaillement pour de futures explorations. Car d'ici à la fin du XXIe siècle, l'homme devrait aller sur Mars.

4 } Le skateboard volant

Il existe déjà mais c'est encore un prototype. Un modèle baptisé Flyboard Air a volé à 30 mètres au-dessus du sol et à 80 km/h, grâce à quatre turboréacteurs. Reste à accroître son autonomie et à sécuriser le pilote.